どの子も
鉛筆が
止まら
ない!

小学校国語

書く活動アイデア事典

二瓶 弘行［編著］
国語“夢”塾 ［著］

JN187714

明治図書

はじめに

自分の考えや意見を確かにつくり上げていく過程において，書くことなしでは，すべての学びは成立しない

ずっと何十年も小学校教師をしている私には，「夢」があります。
何の縁なのか，私の教室にやってきた子どもたちに託す願いであり，教師として目指すべきクラス集団の姿でもあります。
そのクラスでは，だれもが読みたくてたまらない。一編の文章や作品に描かれた言葉を丁寧に検討し，言葉の意味，文章の要旨，作品の主題を自分らしく読み取り，自分の考えや読みの世界を確かにもつことに懸命になる。
そのクラスでは，だれもが書きたくてたまらない。自分という存在を言葉で書き表すことの喜びがわかり，書くことで自分らしさを確認でき，仲間に伝えられることを知っている。だから，必死に言葉を選び，構成を考え，表現を工夫する。
そのクラスでは，だれもが話したくてたまらない。ある話題について，自分の思いを言葉で表現しようと，誰もが適切な言葉を探すことに必死になる。思いを託せる言葉をもてたら，仲間に伝えようと懸命に挙手する。
そのクラスでは，だれもが仲間の考えを受け取りたくてたまらない。ある話題について仲間はどう考えるのか，自分の抱く思いと同じなのか違うのか，知りたくて仕方がない。だから仲間の発する言葉に必死に耳を傾ける。
そのクラスでは，言葉を媒介にして伝え合うことの重さをだれもが知っている。言葉は「自分らしさ」を仲間に伝え，仲間の「その人らしさ」を受け取る重要な手段であることを，学級集団全員が「価値」として共有している。
そのクラスでは，言葉が，静かに生き生きと躍動している。

全国津々浦々の小学校，そこで毎日，展開される国語の授業。
国語は，言うまでもなく，「言葉の力」をはぐくむ教科です。言葉を読む力，言葉を書く力，言葉を話す力，言葉を聞く力，そして，言葉で他者と伝え合う力，これらの「言葉の力」は，まさに，人が人として生きていくための「生きる力」でもあります。
　だから，教室にいる子どもたち全員にはぐくんであげなければならない力なのです。あの子にも，あの子にも，一人残らず，すべての子どもたちに。
　きっと，この「夢」は，私だけのものではないでしょう。
　国語の授業を通して，教師のだれもが抱く「夢」なのだと思います。

　本書は，そんな「夢」を実現するために，言葉を「書く」力に焦点を当てました。
　国語の授業で，「書く」活動は欠かせません。作文の学習はもちろんのこと，物語や説明文の読みにおいても，「聞く・話す」学習においても，自分の考えや意見を確かにつくり上げていく過程において，書くことなしでは，すべての学びは成立しません。
　ところが，子どもたちの多くは，書くことに積極的ではありません。露骨に嫌な顔をして鉛筆を握ろうとしない子もいます。
　そんな子どもたちにこそ，教えなければいけません。
　書くことによって，自分の考えがだんだんとはっきりとしてくることを。
　書くことによって，自分の考えが仲間に確かに伝わることを。
　書くことは，すべての教科の学びを深めるうえでとても大切であることを。
　そして，何よりも，書くことは楽しく，おもしろいことを。
　本書では，吟味を重ねた60本の「書く活動」のアイデアを集めました。また，そのジャンルは実に多岐にわたっています。まさに，子どもたちの日々の生活すべてにおいて，確かな「書く力」をはぐくもうとする，教師の思いがあふれています。
　この『書く活動アイデア事典』は，既刊の『言語活動アイデア事典』の姉妹編です。両書ともに，込められた願いは一緒です。
　教室にいるすべての子どもたちが，言葉と生き生きとかかわりながら，「言葉の力」を身につけていく国語授業をつくりたい。そんな先生のために，本書が少しでも参考になることを願っています。
　2016年７月

二瓶弘行

Contents
もくじ

第2章 今日からできる書く活動のアイデア60

1年

2年

3年

5年

第1章 すべての子どもたちに確かな「書く力」を

筑波大学附属小学校　二瓶弘行

❶言葉で「自分らしさ」を表現する力を

１年生の教科書（東京書籍）に，「いろいろなふね」という説明文が掲載されている。この14文構成の説明文を学習材にして，「書く力＝自己表現力」を獲得する学びを展開した。

説明文を学習材にして，子どもにどんな「言葉の力」を獲得させるのか。

まず押さえるべきは，文章表現に即し，書かれている内容を正確に読み取る力。段落構成の把握，事実と感想の区別，筆者の主張の理解など，読解力の基礎となる，きわめて重要な「読む力」を説明文の学習を通し獲得させる必要がある。

ただ，今ひとつ，説明文の学習によって獲得させたい「言葉の力」がある。それは，**「書く力」という自己表現力**である。ある事実，ある主張，ある認識が，いかに表現されているのかを学び，その学びによって，自らが他者に伝えたい事実，主張，認識を効果的に表現する方法を獲得する。

今の子どもたちは，あるテーマにかかわる「情報」を収集することに苦労しない。図書室には資料がそろっている。インターネットを使えば，さらに大量の「情報」を容易に手にすることができよう。彼らの周囲に「情報」はあふれている。けれども，その収集した「情報」の中から，真に必要なものを選択し，整理し，他者に伝えるために表現するという術を彼らは学んでいない。

優れた説明文は，優れた自己表現の方法を学ぶ格好の学習材と言える。

❷文章を読解する力と「自分らしさ」を表現する力

文章によって「自分らしさ」を表現する力をはぐくむ単元を紹介しよう。

単元の題材として，２年生の子どもたちが大好きな「生き物」を扱う。

学校の近くにある水族館を訪ね，自分が最も興味をひかれた「海の生き物」を選択し，その情報を集め，説明文にまとめる。そして，「海の生き物博士」となって実際に水族館にて，見知らぬお客さんに話し聞かせる活動へと発展させるという単元の流れである。

まず，「いろいろなふね」を学習材に，説明文の仕組み，「文字→言葉→文→段落→部屋（意味段落）→文章」で構成されていることを指導する。

説明文「いろいろなふね」の仕組み

❶文字…ものすごくいっぱい
❷言葉…すごくいっぱい（文字が集まり，言葉になる）
❸文　…14の文（言葉の集まり）
❹段落…６つの段落（文の集まり）
❺部屋…６つの部屋（意味段落）
　　　※３つの大きな部屋（はじめ・説明・まとめ）
❻文章…１つの文章

ここでの学習の重要なポイントは，説明文が複数の「部屋」から構成されていることを理解することである。この「部屋」とは，意味段落を指す，私の国語教室のオリジナル用語である。いくつかの段落（文のまとまり）が集まり，部屋をつくる。そして，この部屋には名前をつけることができる。

最初に，文章は複数の「大きな部屋」からできていて，多くは３つであることを教える。「はじめ・説明・まとめ」（序論・本論・結論）という説明文の基本構成である。

次に，部屋はさらにいくつかの「小さな部屋」に分かれることを指導する。これらは名前を必ずもつ。

学習材「いろいろなふね」を使って，この部屋の学習をした後，さらにわかりやすい博士の台本にするために，それぞれの部屋の前に「順番」を表す簡単な言葉「まず・最初に・次に・二番目に・三番目に・最後に」などを書き加えることを指導した。

調べたことをまとめる方法を獲得した子どもたちは，これまでに収集した自分の大好きな海の生き物にかかわる情報を整理していく。
伝えたい１つの情報を１つの「部屋」（意味段落）にまとめる。それらを「３つの大きな部屋」（はじめ・説明・まとめ）の構成に即して文章化する。
２年生には実に高度な学習である。けれども彼らは懸命に構成を考え，説明的文章を書き続けた。
もちろん，学級に40人いれば，そこには歴然とした能力差があり，書いた文章内容に質的な差はある。しかし，**重要なことは，40人全員が「自分の伝えたいことを説明的文章の形式で文章化できる」という事実**である。今後彼らは，他教科を含む様々な活動場面で，この「調べたことを整理し，文章でまとめる」方法を駆使することだろう。

❸「書く力」は「生きる力」

「書く力」をはじめとする「自分らしさ」を言葉で表現する力は，人としてこの社会を「生きる力」と言っていい。それほど重要な言葉の力だと思う。
だからこそ，国語授業が変わらなければならない。そのために，「読み」と「表現」の関連を意図した単元を組むことを重視したい。
一編の文章の正確な読み取り，そして最終的に文章の内容・要旨を理解するという「一文章の精読」という単元ではなく，**文章を読むことと自己表現することが密接に有意義的に関連した単元を構想する**のだ。
例えば，説明的文章を学習材に，読み取った筆者の意見を基に，自らの意見文を記述する，意見発表会を開く，討論会を行う，などの表現学習を単元最終段階に設ける単元を組む。子どもたちは，その終末の表現活動を意識しながら，自分の意見を形成するために説明的文章を詳しく読むという学習を展開することになる。
文章を読むことは，すなわち，自分の意見・感想をつくることなのだという意識を，常に子どもたちにもたせることを考慮して単元を構想したい。

第2章 今日からできる 書く活動のアイデア60

なぞって書いてみよう！

時間 15分程度

活動のねらい

筆圧を意識して，線の幅からはみ出さないようになぞっていくことで，力強く丁寧な直線や曲線を書くことができるようになる。

活動の概要

1年生の4月，鉛筆の持ち方を指導し，ひらがなを指導する前に，直線や曲線を書く練習をさせます。鉛筆で楽しくなぞることで，書くこと自体に慣れさせていきます。❶直線，❷曲線，❸点つなぎのワークシートを準備し，15分×3回をワンセットで行います。

❶はみ出さないようになぞってみよう（直線）

❷はみ出さないようになぞってみよう（曲線）

❸線で番号（点）をつなごう（指でなぞってから書いてみよう）

❸の「線で番号（点）をつなごう」では，ワークシート上の番号（点）をフェルトペンで順番につないだ後，おとなりさんに赤鉛筆で自分の書いた線をなぞってもらうという活動を入れます。また，繰り返して取り組むとき，「波線で番号をつなごう」と少し発展させ，子どもたちのやる気を引き出すこともできます。

（藤井　大助）

ポイント！

●途中で教師のチェックを入れるべし！

教師は鉛筆の持ち方などにも着目してほめていきます

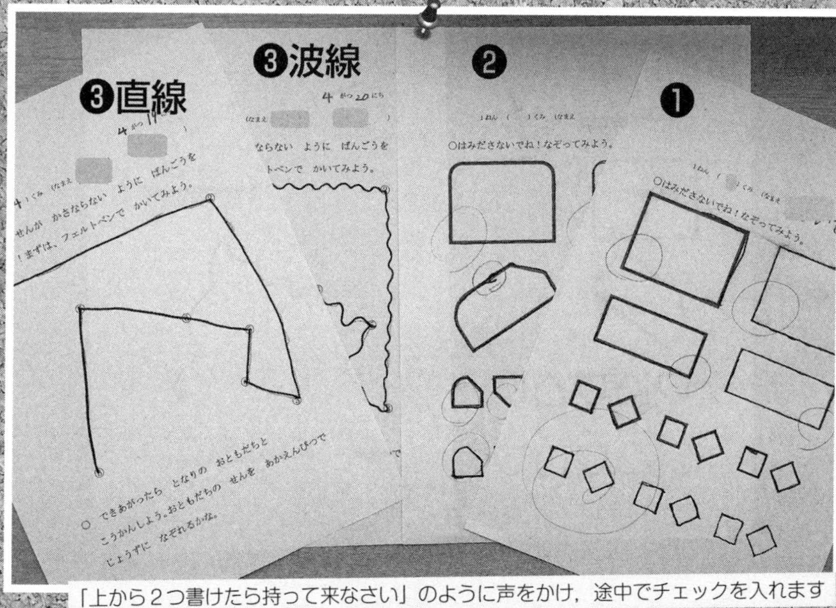

「上から2つ書けたら持って来なさい」のように声をかけ，途中でチェックを入れます

隠れているひらがなを見つけよう！

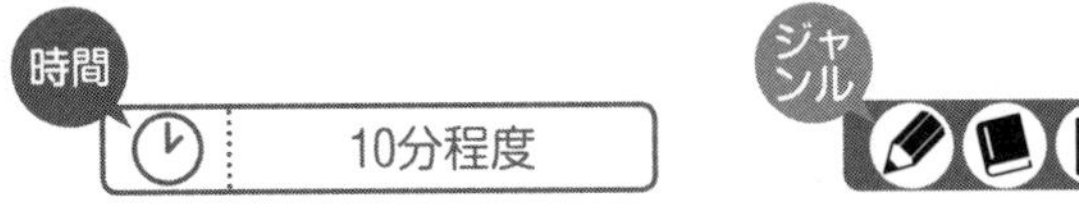

活動のねらい

言葉や文字に関心をもち，ひらがなを意欲的に書けるようになる。

活動の概要

ひらがなを習い始めたばかりの１年生がわくわくしながら考え，文字を書くことができる活動です。

右ページ上の写真のようなカードを用意します。カードの上の部分に既習のひらがなが１文字隠れていて，そのひらがなが頭につく単語が４つ書かれています。１つのひらがなにつき３～４種類のカードをつくっておくとよいでしょう。ひらがなが入る部分に色の付箋を貼っておき，色が同じならば，同じひらがなが入ることにします。

そして，カードを１人に１枚配り「カードにひらがなが隠れています。見つけられるかな？」と尋ねます。

困っている子どもが多い場合は，上の付箋の色が同じなら，同じひらがなが入ることを知らせ，相談しながら考えさせます。隠れているひらがながわかったら，ノートに４つの単語を書かせます。早くできた子どもたちには，カードを交換して考えさせるとよいでしょう。　（田中　元康）

ポイント！

- ●既習のひらがなを教室に掲示しておき，ヒントにするべし！
- ●時間があれば，ひらがなをつなげて言葉をつくる活動も行わせるべし！

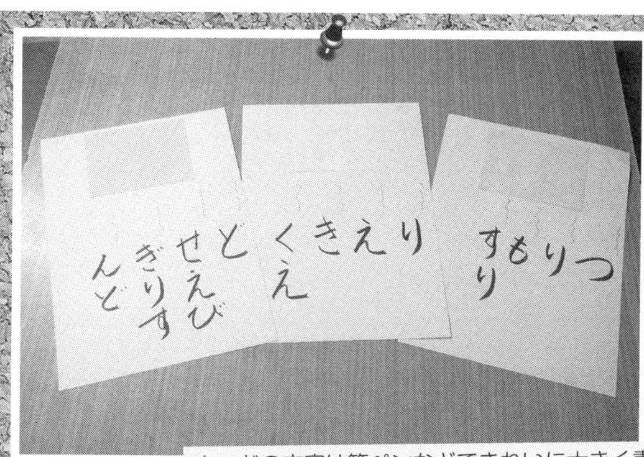

カードの文字は筆ペンなどできれいに大きく書きます

既習のひらがなを掲示しておくと手がかりになります

見つけたことがうれしくて，喜んで文字を書く姿が見られます

「連想言葉リレー」で 言葉をつなごう！

時間 10分程度

ジャンル

語彙

活動のねらい

連想ゲームを通して，楽しみながら語彙を豊かにする。

活動の概要

私たちは，例えば「白い」という言葉について，「うさぎ」「おもち」などの具体物から，「明るい」「清潔」「無垢」などの抽象的なイメージまで，実に様々な言葉を連想することができます。このような能力は，特に物語文を読んだり，詩を創作したりするときなどに大いに発揮されるので，ぜひ１年生のうちから鍛えていきたいものです。

「連想言葉リレー」のやり方は簡単です。スタートになる言葉を教師が１つ提示します。その後，ペアで順番に連想した言葉を矢印でつないで書きます。10マスノートの１ページが埋まったら，ゴールとします。終わったペアから手をあげさせるなどして，ゲーム性を高めるとよいでしょう（はじめて行うときは，黒板を使って全員で言葉をつなぐ練習をすれば，５分程度でやり方が理解できます）。

発展型として，ゴールの言葉も決めておくと，より知的な活動になります（例　つくえ→ふでばこ→…→…→たべる）。また，この「連想言葉リレー」は，一人で行うことで，自学のネタとしても使えます。　（岩崎　直哉）

ポイント！

●自由な発想で，次々に言葉をつなげるべし！

顔を寄せ合って，順番に書いていきます

えんぴつ↓かく↓けす
↓けしゴム↓ふでばこ
↓はこ↓くろねこやま
と↓とらっく↓にもつ
↓おとどけもの↓なか
み↓ふた↓あく↓どあ
↓げんかん↓出る↓はいる

ゴールの言葉も指定すると，ぐんと難しくなります

五感を使って表現の幅を広げよう！

時間 15分程度

ジャンル  語彙

活動のねらい

テーマに合う言葉や表現を五感で考え，文章表現を豊かにする。

活動の概要

「いつ」「だれが」「どこで」「何をした」といった要素は，文章を構成するうえでの基本です。しかし「今日，私は学校で友だちといろいろなことをして遊びました」という文章は味気ないもので，「いろいろ」の中身が具体的になるだけでも，表現はぐんと豊かになります。

そこでおすすめなのが，五感で表現の幅を広げるという方法です。

まず，テーマとなるもの（例えば「ボール」「ノート」など）を１つ提示します。次に，そのテーマを基に，「見えること（目）」「聞こえる音（耳）」「手ざわり（手）」「においと味（鼻と口）」の４つに分けられた原稿用紙に，思いついたことを箇条書きでどんどん書かせていきます。

ペアで一緒に考える，リレー方式でつなげていく，など，活動形態に変化を加えると，より楽しく取り組むことができます。

慣れてきたら，「給食」「休み時間」「運動会」「マラソン大会」など，学校生活や学校行事にかかわるテーマを取り上げます。書く材料がたくさん集まり，日記や行事作文の表現がぐんと豊かになります。（阿部　央資）

ポイント！

●活動形態に変化を加え，楽しみながらどんどん書かせるべし！

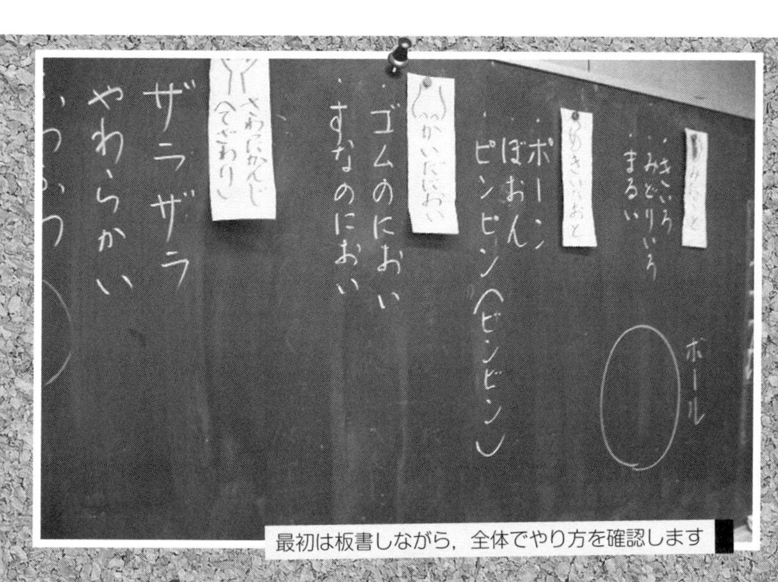

最初は板書しながら，全体でやり方を確認します

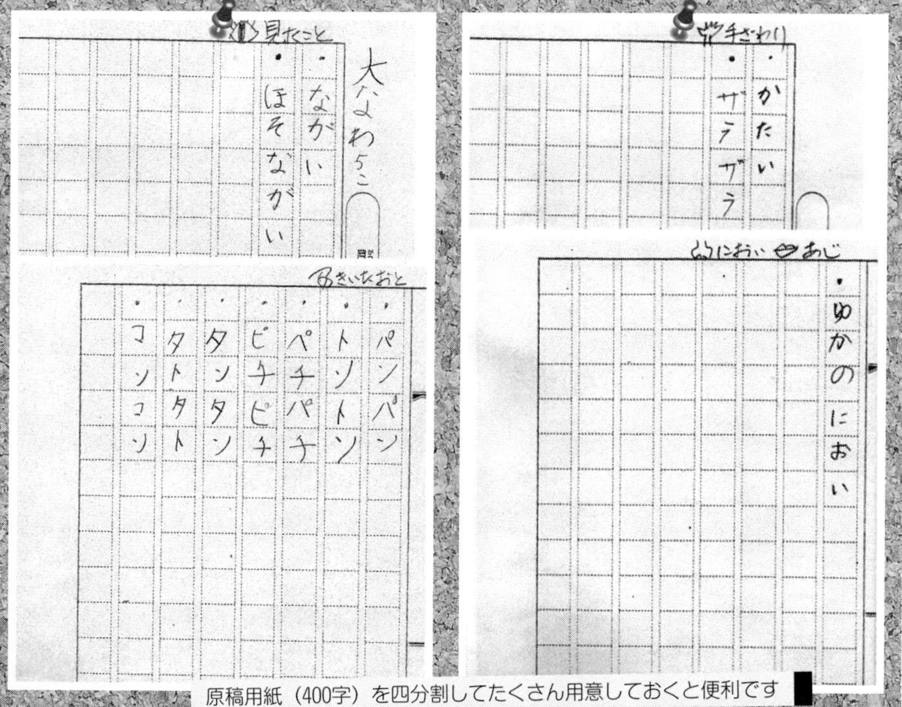

原稿用紙（400字）を四分割してたくさん用意しておくと便利です

おとなりさんを紹介しよう！

時間　15分程度

活動のねらい

友だちの好きなところやがんばっているところなどに着目し，紹介文を順序立てて書くことができるようになる。

活動の概要

テーマに合った文章を，順序立てて書くことができるようになるためのトレーニングの活動です。「おとなりさんをしょうかいしよう」というテーマで，右ページのようなワークシートのフォーマットに沿って文章を書き進めていきます。

まず「お友だちのどんなところを紹介したいですか？」と発問し，「しっかりしたお友だち」「親切なお友だち」「明るいお友だち」など，内容の中心になることを引き出し，題名とさせます。題名は，はじめの一文につながります。そして，お友だちの名前を書いた後，「もう１つ紹介するとしたらどんなことがある？」と発問し，「ほかにも［あかるい］ところがあります」のように，［　　　］の部分を考えさせます。

繰り返し紹介の文を書く時間を設定することで書く力を育てます。また，文章として，まとまり，つながりがあってわかりやすいことが感じられるよう，声に出して読み返す時間を確保します。　　（藤井　大助）

ポイント！

●すきま時間を使って書く機会を確保するべし！

文がつながって文章になっていくようにワークシートをつくります

完成したら，声に出して読み返すことも重要です

おなやみそうだん，お応えします！

時間　15分程度

活動のねらい

先生や友だちの悩み相談に対して解決策を考えることを通して，表現力や思考力を高める。

活動の概要

教室に「おなやみそうだんばこ」を設置し，先生や友だちの悩み相談に対して，その日の日直が解決策を書くという活動です。

毎日の朝の会で教師が投稿された悩みを紹介します。投稿がない日は，「みんなが元気に外で遊ぶにはどうしたらいいのでしょうか？」というような悩みを教師が提示します。

日直は，その日の帰りまでに解決策を考えてカードに書きます。解決策は友だちと一緒に考えてもＯＫです。その解決策を帰りの会で紹介します。１年生ならではの前向きでかわいらしい解決策が登場します。

１つの悩み相談について，クラス全員が回答するというのもよいでしょう。その中からベストアンサーを決めるという発展も考えられます。

大切なことは，一過性の活動にしないで継続させることです。一人ひとりが書く機会は多くありませんが，学級のルーティンとして続けていきます。

（大江　雅之）

ポイント！

●言語活動は継続してこそ子どもの力になると心得るべし！

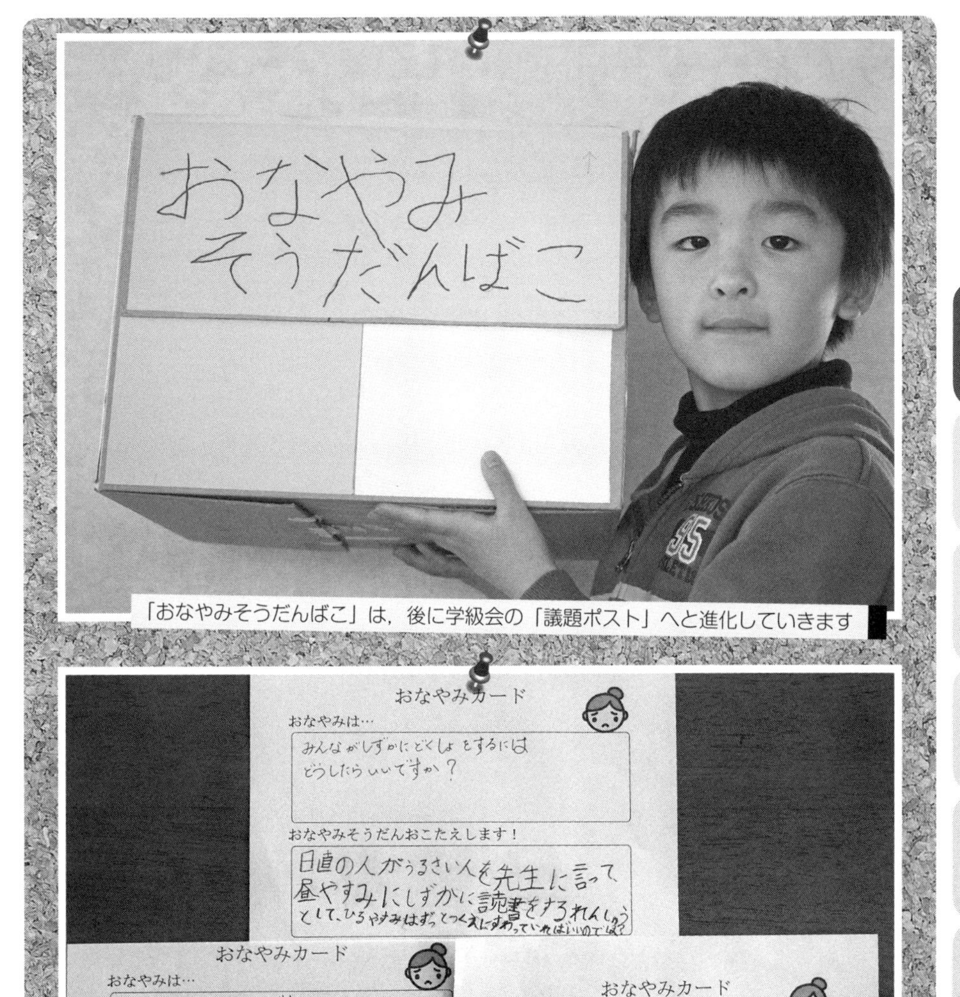

「おなやみそうだんばこ」は，後に学級会の「議題ポスト」へと進化していきます

子どもらしい素直な解決策がたくさん見られます

友だちの名前を入れて「こくご日記」を書こう！

時間　15分程度

ジャンル

日記

活動のねらい

授業中にがんばっていた友だちの名前を交えながら，授業を振り返る文章を書くことができるようになる。

活動の概要

授業後の振り返りを書かせる際，その時間にがんばっていた友だちや，自分がかかわった友だちの名前を交えると，授業の内容がよりイメージしやすい文章になります。これが，学習したことを理解することや授業でのこれからの目標をもつことにもつながります。こうした振り返りの文章を「こくご日記」として継続的に書かせていきます。

そのために，子ども同士がかかわる場面を授業の中に意図的に組み込む，よい意見を発表した子どもの名前を板書する，などの配慮をしていきます。

はじめのうちは，下のような書式をあらかじめ示しておくとよいでしょう。

❶「きょうは，○○のべんきょうをしました」（何をしたのか）
❷「○○くんが，がんばっていました」（取り上げる友だちの名前）
❸「なぜなら…」（取り上げた理由）

（田中　元康）

ポイント！

●学級通信などで紹介することで，「こくご日記」を書く意欲を持続させるように努めるべし！

子ども同士がかかわり合う活動を積極的に取り入れます

こくご日記　○○○○　○○

わたしはスイミーをはなしたら

○○○さんにこう言われました。

「かんじょうがこもっちゅうね」

と言われてすごくうれしいです。

○○○くんに、「だめだよ。」のこと

ごろが、すこし、こえが小さか

ったからこころぼそいかんじとゆは

れました。

こんどからは、ゆっこり、さみ

しいとこころとかはふんいきがわか

るようにがんばります。

○○○

よい内容の「こくご日記」は学級通信でどんどん紹介します

「漢字＋言葉あつめ対決」で漢字をたくさん使おう！

時間　10分程度

ジャンル  漢字

活動のねらい

漢字とそれを使った言葉をたくさん集めることを通して，楽しみながら語彙を豊かにする。

活動の概要

「漢字＋言葉集め対決」は，２～３人組で行います。まず，１人めが今までに習った漢字を紙に１文字書き，次の人にパスします。次の人はその漢字を使った言葉をその下に書いた後，また新しく漢字を１文字書きます。そして次の人にパス…と繰り返していきます。

時間を区切って，漢字と言葉を何個集めることができたかをチームごとに競ったり，全チームの合計数で学級ベストを目指したりと，結果の活用方法はいろいろです。時に意外な言葉が飛び出せば，みんなで共有して「使ってみたいね！」と意欲づけていきましょう。

漢字の学習を始めたばかりの１年生は，とにかく「漢字を使いたい！」「漢字で書きたい！」という意欲をもっています。しかし，単調な漢字練習ばかりを繰り返していると，いつの間にかその意欲も低下していってしまいます。ですから，１回１回は短い時間でよいので，楽しみながら漢字を使う場面をたくさん保障していくようにしたいものです。　（佐藤　拓）

ポイント！

●おもしろい言葉は，学級で共有するべし！

はじめのうちは，教科書や漢字ドリルをヒントにします

最初にチーム名を決めると，張り切って取り組みます

好きな数を紹介しよう！

活動のねらい

理由を添えて物事を説明できるようになる。

活動の概要

「どうして好きなのか」という理由を添えて好きな数を紹介する文章を書く活動です。１年生にとって，理由を示すというのは難しいことですが，自分の好きな数について理由を書くことなら，大きな抵抗なくできます。数は子どもたちにとってごく身近なものだからです。

❶「先生の好きな数は○です。これは何の数でしょう。当ててください」のように，クイズ形式で教師の好きな数を紹介する（３つほど紹介する）。

❷子どもの好きな数を書かせる。書き出しは板書で示す。
「わたしのすきなかずは，○です。どうしてかというと…だからです」
「わたしのすきなかずは，２つあります。１つめは○です。わけは，…だからです。２つめは□です。わけは，…だからです」
ここで，「１つめは…，２つめは…」という書き方を教える（全員に必ずこの書き方をさせなくてもよい）。

❸書き終わった人は，「読み合いコーナー」でお互いの文章を読み合う。困っている子どもは，「相談コーナー」で教師に相談する。（青木　伸生）

ポイント！

●理由の書き方を示し，筋道の通った文章が書けるようにさせるべし！

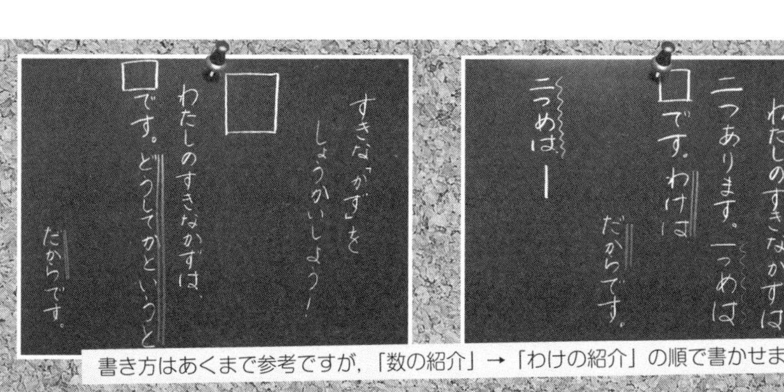

書き方はあくまで参考ですが，「数の紹介」→「わけの紹介」の順で書かせます

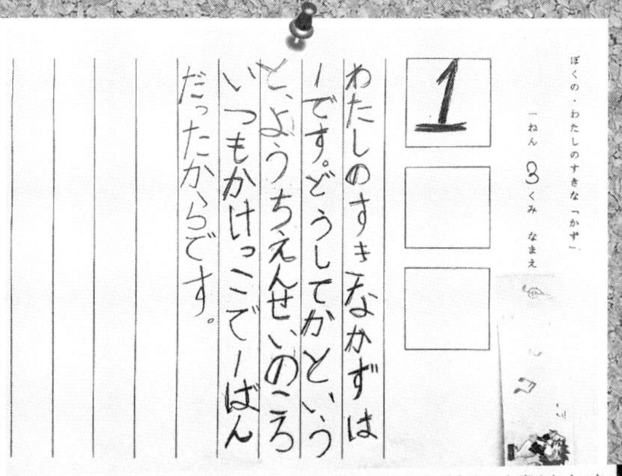

自分の経験と結びつけやすく，理由も抵抗なく書けます

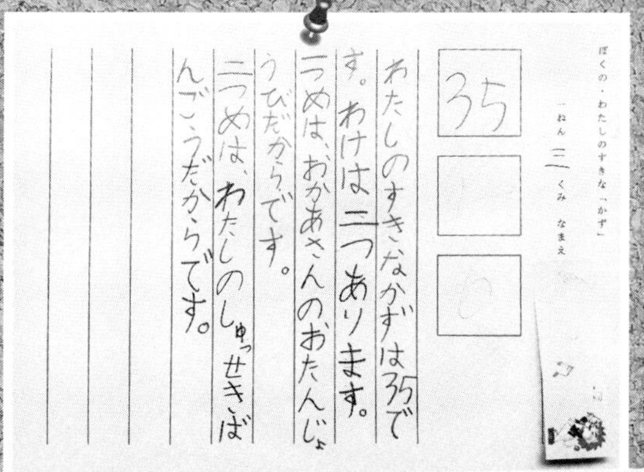

書く前に学んだ書き方に則って複数の理由を書く子どももいます

「おおきくなるっていうことは」どんなことかを考えよう！

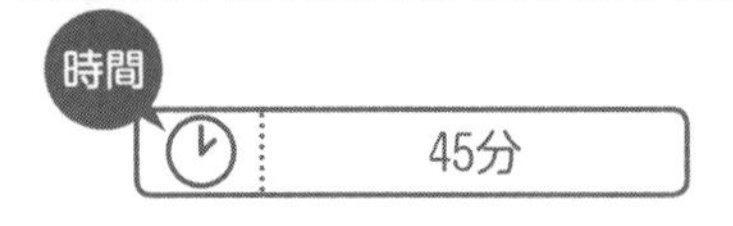

活動のねらい

これまでに経験したり体験したりしたことを踏まえて，２年生になった自分の姿を想像力豊かに書くことができるようになる。

活動の概要

絵本『おおきくなるっていうことは』（中川ひろたか・文／村上康成・絵，童心社）を読み聞かせます。「おおきくなるっていうことは」という言葉が繰り返され，それはどんなことなのかが絵と一緒に表されています。ページをめくりながら「どんなことができるのかな？」と楽しく読んでいきます。

そして「もうすぐ２年生になるよね。みんなが大きくなるって，どういうことができるようになること？」と問いかけ，考えたことをノートに書かせます。勉強のこと，体の成長のこと，新しく入学してくる１年生にやさしくしてあげること…などなど，子どもたちは想像を膨らませて様々なことを書くはずです。

書いたものは短冊に清書して教室に掲示します。それらを一つひとつ紹介し，「こんなことができる２年生になるといいね」と次の学年に向けて意欲を高めます。ワークシートに書かせて，文集として形に残すのもおすすめです。

（広山　隆行）

ポイント！

●２年生になった素敵な自分の姿を思い浮かべさせるべし！

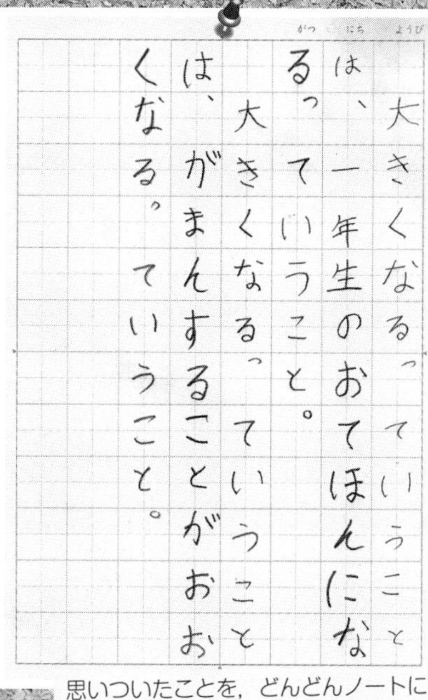

思いついたことを，どんどんノートに書かせていきます

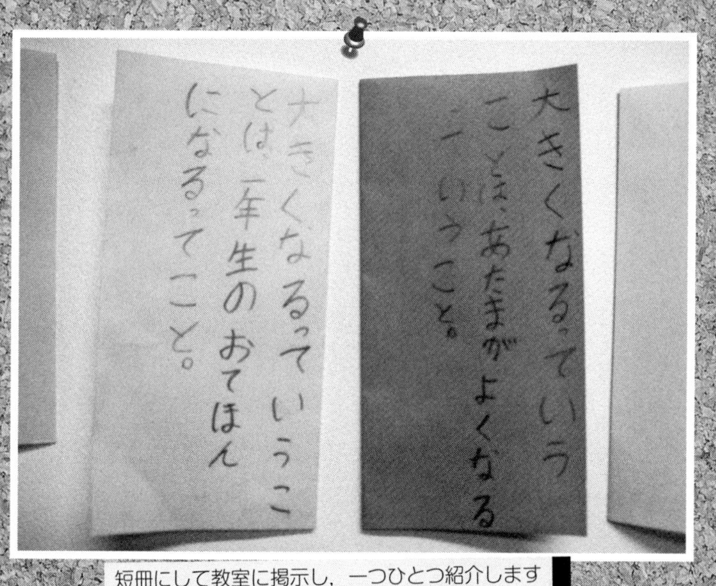

短冊にして教室に掲示し，一つひとつ紹介します

同じ画数の漢字を使って文をつくろう！

30分程度

漢字

活動のねらい

同じ画数の漢字を使って文をつくることで，漢字の画数に関心をもつ。

活動の概要

２年には，漢字の画数を扱う単元があります。この単元で行うことができる活動です。

まず，右ページ上の写真のように，漢字を入れる部分を□で伏せた文を提示します。すると子どもたちは，□の中に入る漢字は何かを想像して，口々に言い始めます。

そこで，「じゃあ，□のヒントを出すよ」と言って，右ページ下のように漢字１文字が書かれたカードを黒板に貼っていきます。カードは，一つひとつ読み方を確認しながら貼ります。また，画数の同じものは縦に並べていきますが，最初その理由は子どもには言わずに貼っていきます。そして，途中まで貼ったところで残りのカードを見せて，「どこに貼ればいい？」と尋ね，画数ごとに並べていることに気づかせます。

さらに，最初に提示した文の□に５画の漢字を当てはめると，「右の方に四本の白い花が生えていた」という文が完成します，この後は，その他の同じ画数の漢字を使って，子どもたちに文をつくらせます。（田中　元康）

ポイント！

●教科書巻末の資料ページを活用して，文をたくさんつくらせるべし！

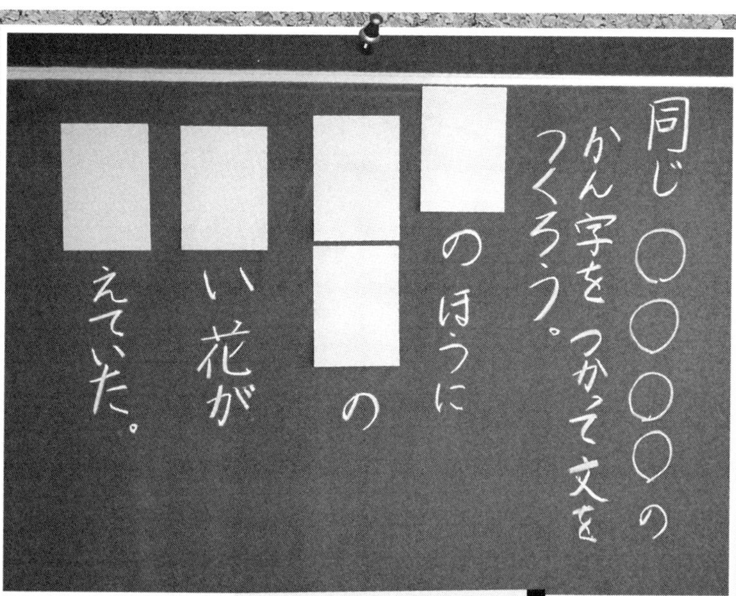

□にはどんな漢字が入るかな？

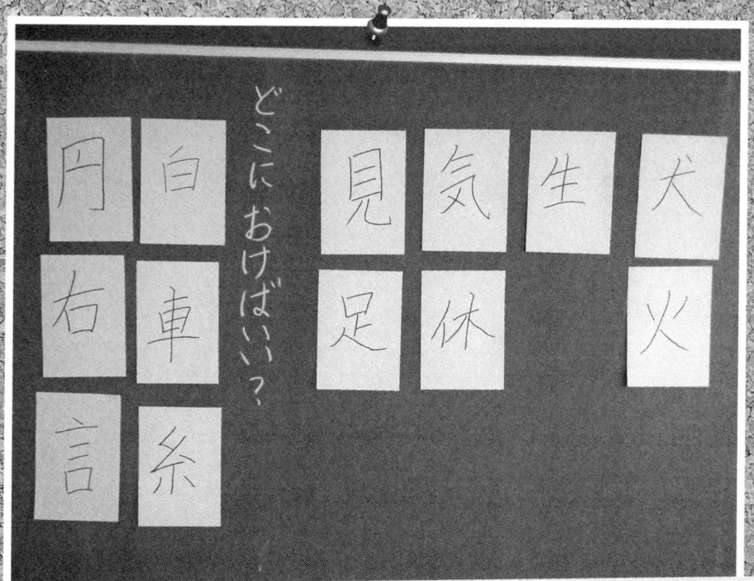

同じ画数の漢字が縦に並んでいることに子どもが気づくのを待ちます

「すきな○○作文」で自分の好きなものをおすすめしよう！

15分程度

作文

活動のねらい

好きなものを推薦する文章を書くことを通して，必要な事柄を取り出しながら書くことができるようになる。

活動の概要

２年生ぐらいの子どもは，自分の好きなものを，友だちにも好きになってほしいと思うことがよくあります。しかし，何を，どのように表現すれば相手に伝わるのかがわからないことも少なくありません。そこで，次のような枠組み（「すきなあそび」の例）が示されたワークシートを用いて作文を書かせ，好きなものを伝える文章の書き方を学ばせます。

❶すきなあそびは何か
❷どんなあそびか
❸どんなところが気に入っているか
❹どんな思い出があるか
❺みんなへおすすめする一言

「すきな○○」のテーマは，そのほかにも，本，乗り物，お菓子，テレビ番組…などなど，いろいろなお題が考えられます。はじめは教師から提示し，次第に子どもからテーマを募集していくとよいでしょう。　　（菊地　南央）

ポイント！

●テーマを変えながら，繰り返し書くことで定着させるべし！

自分で好きなテーマを選んで書かせると筆が進みます

しょうかいします　ぼくの　わたしの　すきなあそび

おわり	中	はじめ
・みんなへ おすすめする　一言	・どんな　あそびか。 ・どんなところが気に入っているか。 ・どんな　思い出があるか。	・すきなあそびは何か。

ぼくのすきなあそびはおにごっごです。
おにごっこはまず一人おにになります。
みんながにげてつかまえられる
ところがきにってます。
ぼくは、ようちえんのときからやって
いて思い出がある。30分たってもつかま
えなかったからです。
おにごっこはたのしいしつかまえるとすっきり
します。

しょうかいします　ぼくの　わたしの　すきな「どうぶつ」

おわり	中	はじめ
・みんなへ おすすめする　一言	・どんな「どうぶつ」か。 ・どんなところが気に入っているか。 ・どんな　思い出があるか。	・すきな「どうぶつ」は何か。

わたしのすきなどうぶつは、ナマケモノで
す。
ナマケモノはその名のとおりナマケていま
す。気にいっているところはナマケモノ
の目です。目をつぶるとかわいいからで
す。
会ったことはないけどテレビで見てか
わいいなあってみたいなとおもいました。
かわいいのでぜひみてみてください。

ワークシートを用いることで簡単に取り組むことができます

「絵かき文」で相手にわかりやすく伝えよう！

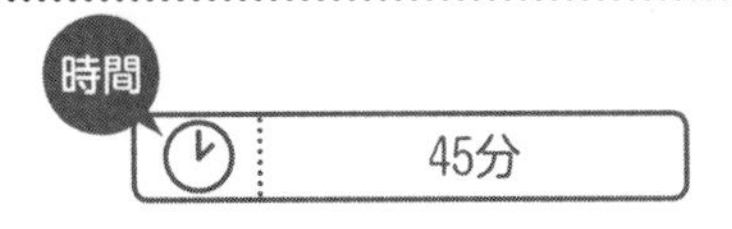

活動のねらい

友だちにわかりやすく伝わるように書くことを通して，事柄の順序や詳しく説明する言葉を意識した文章を書けるようになる。

活動の概要

「絵かき歌」は，歌詞の順番通りにかいていけば，絵が完成します。これは，その要素を取り入れた活動です。相手が文の通りにかいていき，お題の絵になれば成功です。相手に伝わるように，「はじめに」「次に」といった順序を表す言葉や詳しく説明する言葉を使うようになり，楽しくゲーム感覚で学ぶことができます。

具体的には，次のような手順で取り組みます。

❶2人で１組になり，お互いに別のお題の絵かき文を考えます。
❷書き終えたら，お互いに文を交換して，文の通りに絵をかいていきます。
❸お互いにかいてもらった絵を見て，どうすれば相手によりわかりやすく伝えることができるか，絵かき文を加筆修正します。

相手がお題通りの絵をかいてくれれば大喜び，違っていてもそれはそれで盛り上がります。また，“魔法の言葉”と称して「～のように」といった例えの表現を意識させることもできます。

（渡部　雅憲）

ポイント！

●必ず加筆修正をさせて，よりわかりやすい文を考えさせるべし！

「友だちにわかりやすく伝えるには」を意識した言葉で文を書いていきます

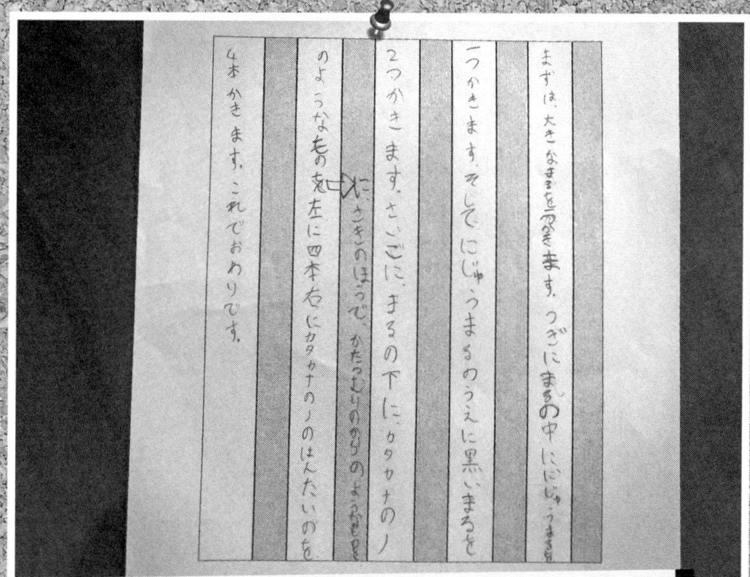

絵をかいてもらった後に加筆修正することで文章力がアップします

接続語を生かして ストーリーをつくろう！

時間　20分程度

ジャンル　創作

活動のねらい

4種類の接続語に応じた続きの文を書くことで，接続語の意味の違いを実感しながら使うことができるようになる。

活動の概要

「○○にふさわしい接続語を選びましょう」というテスト問題をよく見ますが，文脈に沿った接続語を選ぶ言語感覚は，意識して使う場面を設けないとなかなか身につきません。そこで，接続語を意識的に使いながら，楽しく書く活動を紹介します。

❶ノートの上半分に教師が示した1文目と絵を視写する。
❷ノートの下半分に指定された接続語を等間隔で書き込む。
❸接続語で意味がつながるように，ストーリーをつくっていく。
❹でき上がった文章をお互いに見合い，共通点をとらえる。

ノートを上下分割することで，絵日記のような文章の配置になります。こうすると1つの文に使える文字数が限定されるので，どの子も意欲的に取り組むことができます。

扱う接続語にも配慮が必要です。「しかし」「ところが」等をうまく提示すると，子どもはそれらを生かしてストーリーを工夫します。（宍戸　寛昌）

ポイント！

●接続語のニュアンスの違いを，ストーリーにうまく反映させるべし！

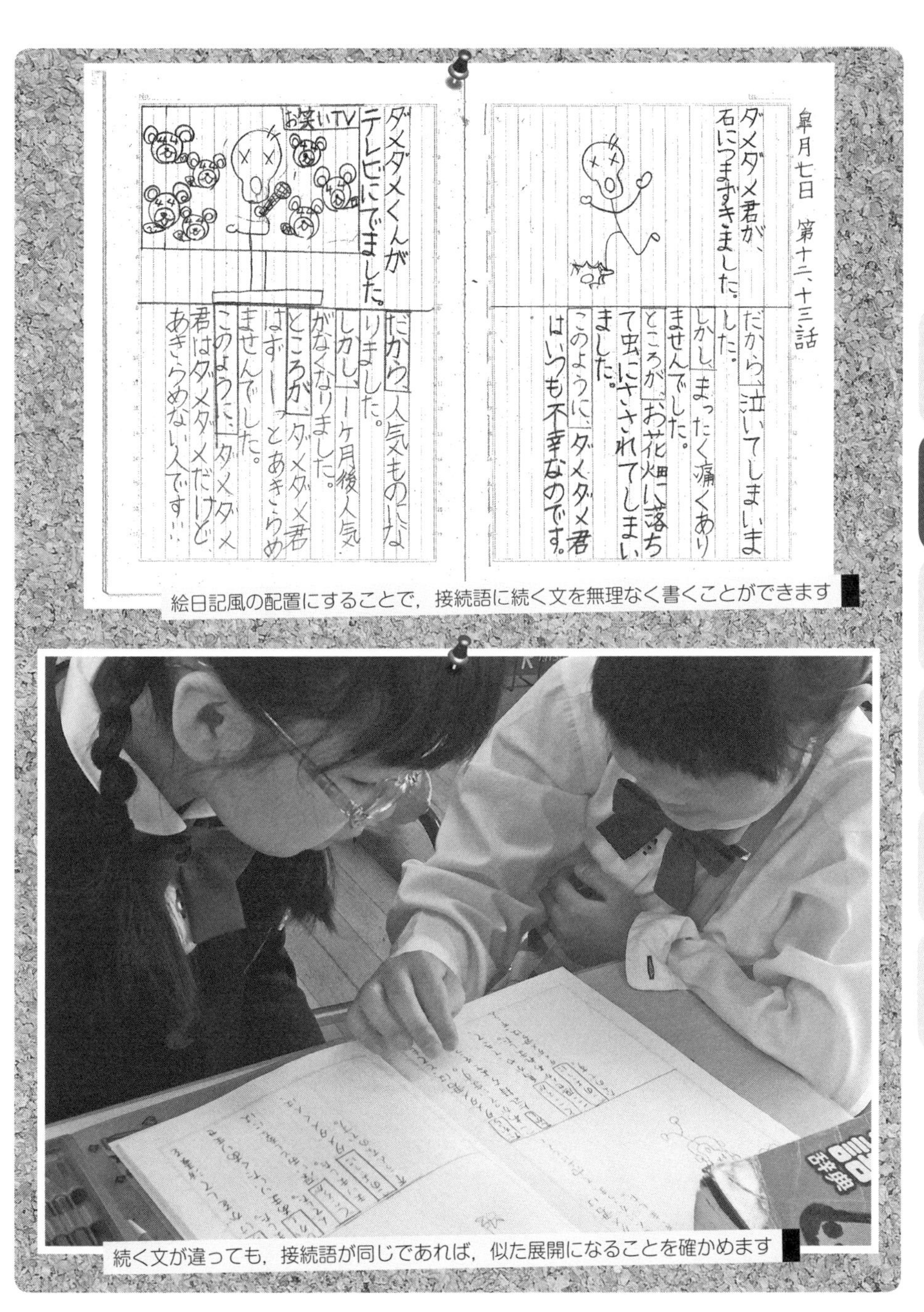

絵日記風の配置にすることで，接続語に続く文を無理なく書くことができます

続く文が違っても，接続語が同じであれば，似た展開になることを確かめます

「アクロスティック・スローガン」をつくろう！

時間
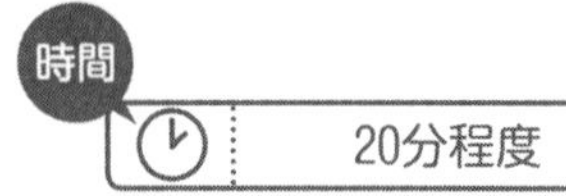

ジャンル

活動のねらい

五七調のリズム，アクロスティック，受け手に訴えかける内容，という条件のもと，言葉を吟味しながら文を書くことができるようになる。

活動の概要

「アクロスティック（折句）」は，１年生でもできる簡単な活動でありながら，大人の自己紹介に利用されるほど汎用性の高いものです。そのアクロスティックを生かしてスローガンをつくらせれば，様々な条件から言葉を吟味しつつ，魅力的な文章をつくることにつながると考えました。

❶テーマに応じて３つの頭文字を考える。

「そうじ」「ろうか」「昼休み」「いじめ」「友だち」「なかま」「くらす」等

❷頭文字につなげて五・七・五の文を考える。

❸絵をかいたり，色を塗ったりしてポスターをつくる。

❹友だちと見せ合ったり，掲示したりして交流する。

❷の頭文字からつながる言葉を見つけるところが一番おもしろく難しい活動です。５文字や７文字の言葉を全員で考えてカードや板書に書き出したり，ペアやグループでアイデアを出し合いながら言葉を考えさせるとよいでしょう。

（宍戸　寛昌）

ポイント！

●条件に当てはまる言葉探しには，集団の力を活用するべし！

五七調のリズムとアクロスティックが噛み合うとインパクトのあるポスターになります

「そうじの“そ”」のように1文字ずつ発表すると，楽しく集中して聞くことができます

「はらへり文」を
おなかいっぱいにしよう！

時間　20分程度

ジャンル　説明文

活動のねらい

文頭・文末の言葉が指定されている文章に，意味が通るような言葉を埋めていくことで，論理に沿った文章を書くことができるようになる。

活動の概要

説明文を読んだ後に「始め・中・終わり」といった段落構成を生かした言語活動を行うことはよくあります。しかし，教材特有の論理的な文の書き方まで生かす機会はそれほど多くありません。

そこで，教材文の型を抜き出して「はらへり文」と呼び，穴埋めさせることで，論理的に文章を書く活動を行います。

まず，教材文から特徴的な文型を見つけます。２年生であれば時間的・作業的な順序をとらえながら読むことを視点に文を抜き出します。例としてあげるのは，１日のある時間にやる仕事と，その理由についての文型です。

❶「(いつ) □ します」　…いつ，何をするのか
❷「なぜかというと，□ からです」　…主な理由は何か
❸「また，□ というりゆうもあります」…別の理由は何か

授業のまとめとして，朝のモジュール学習で繰り返し行っていくと，作文の書き振りが変化すること間違いなしです。　（宍戸　寛昌）

ポイント！

●文の型をつかむことで，説明文の述べ方のおもしろさを感じさせるべし！

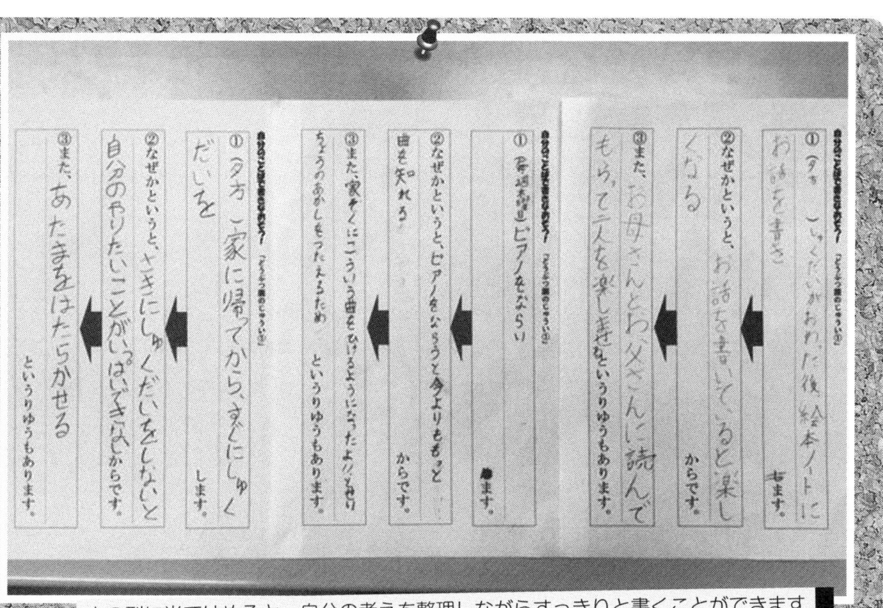

文の型に当てはめると，自分の考えを整理しながらすっきりと書くことができます

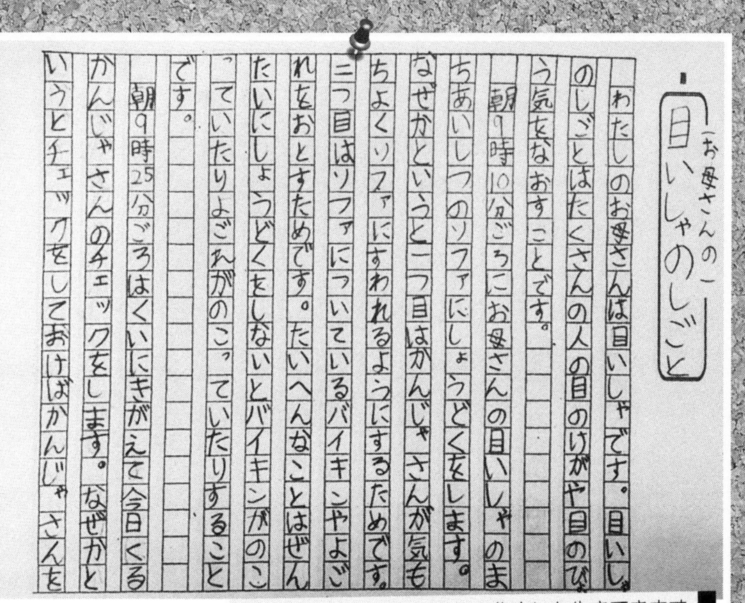

書き方が身についてくると，作文にも生きてきます

「文章の設計図」と「段落メモ」で文章を書こう！

時間　授業の中で随時

ジャンル　説明文

活動のねらい

「段落メモ」を使って下書きを書くことで，文章構成を意識して，段落をつくって書いたり，意欲的に書いたり直したりできるようになる。

活動の概要

2年では，生活科や本の紹介など，紹介文を書く活動が多くあります。また，中学年に向けて「始め」「中」「終わり」を意識し，段落を指導し始める必要もあります。そこで「段落メモ」を使って書く活動を行います。

右のような短冊状のカードで，段落ごとに一枚ずつ書くことで，一段落一事項を意識させます（上段に，文章全体の中のどこ（中③）のどんな内容（とくちょう）を書いているのかを明示します）。また，書く前に右ページのような「文章の設計図」を一斉指導の中でつくります。この設計図で確認した構成を意識しながら，段落メモを書いていくのです。段落メモは，一枚一枚の書く量が少ないため，書くことが苦手な子もまず取りかかってくれます。また，枚数が増えることがうれしくて，いつの間にかたくさん書く力がついていきます。　（相澤　勇弥）

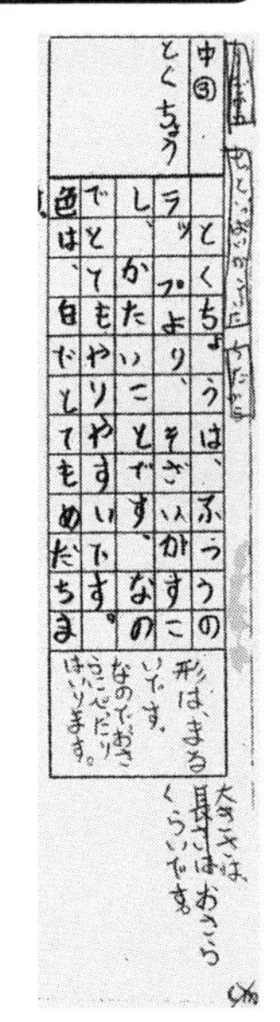

ポイント！

●文章構成は全体指導，個別の記述は段落メモ，の二段構えで指導するべし！

始め	中			終わり	
①どうぐの名前	②どういう時につかうか（こまっていたこと）	③つかい方	④とくちょう（色・形・そざい・しょうかんなど）	⑤つかってみて思ったこと	⑥つかってみてべんりだったこと

「始め」「中」「終わり」に書くことの概要を学級全体で話し合っておく。

文章の設計図（「お気に入りの道具紹介」）

はじめ1 どうぐの名前

これは、エコラップです。

中① どういう時につかうか

わたしは、ラップを切るときうまくきれなかったりしたのでこまりました。ラップはつけたときはすぐにきれてしまいます。

そんなときにこれをつかいます。

中2 つかい方

つかい方は、かんたんです。おさらにのせて、中央をおすだけです。はずすときはとびでているところのうしろをおすだけです。

中③ とくちょう

とくちょうは、ふつうのラップより、そざいがすこし、かたいことです。なのでとてもやりやすいです。色は白だとてもめだちます。

おわり1 つかってみて思ったこと

わたしは、とりはずしもかんたんだし、れいとうほぞんも、レンジでもだいじょうぶなのでとてもあんしんだと思いました。

おわり② べんりだったこと

お母さんが、「とりはずしがとてもかんたんだし、れいとうや、レンジもだいじょうぶだからべんり」と言っていました。

子どもが実際に書いた段落メモ

暑中見舞いを書こう！

活動のねらい

　相手を意識しながら，自分が夏休みに経験したことや近況について伝えることができるようになる。

活動の概要

　長い夏休みに向けて「夏休みに何をしているのか知りたいから手紙で教えてね」と投げかけ，「暑中見舞いを出す」という宿題を出します。

　それに先駆けて，事前指導の時間を１時間とります。

　まず，人数分の暑中見舞い用ハガキを渡し，宛先となる先生の住所（学校の住所でも可）と自分の名前を表面に書かせます。

　また，「裏面には，夏休み，どんなことをしているのかを絵や文章で書いてくださいね」と説明します。

　その際に，相手のことを気づかう文章を入れることを教えます。例えば，「暑中お見舞い申し上げます」「暑い毎日ですが，いかがお過ごしですか」「お元気にしていますか」といった一文です。

　最後に「先生は届いた人に『残暑見舞い』を送るからね」と伝えます。暑中見舞いは立秋までに送らないといけません。あえて時期を伏せておくと，家庭での話題や２学期最初の話題にすることもできます。　（広山　隆行）

ポイント！

●本物の暑中見舞い用ハガキで雰囲気を高めるべし！

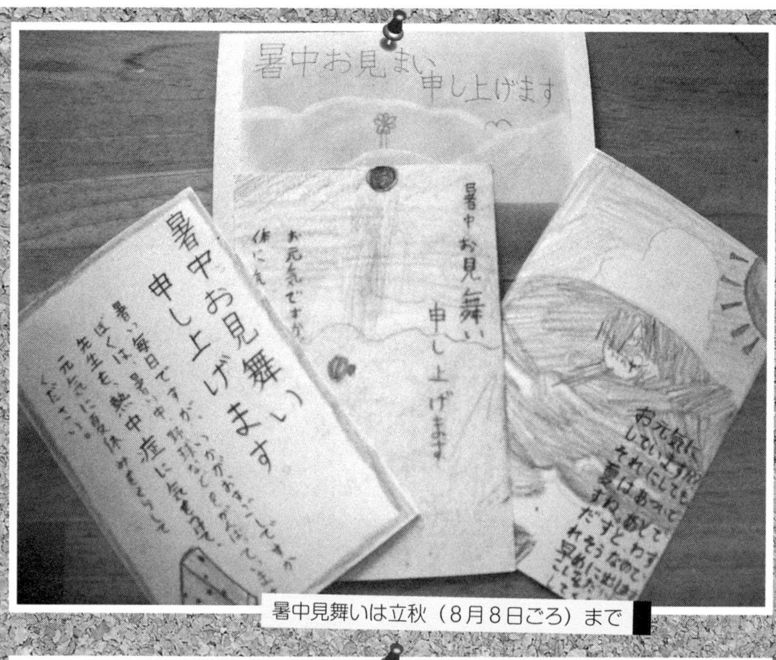

暑中見舞いは立秋（8月8日ごろ）まで

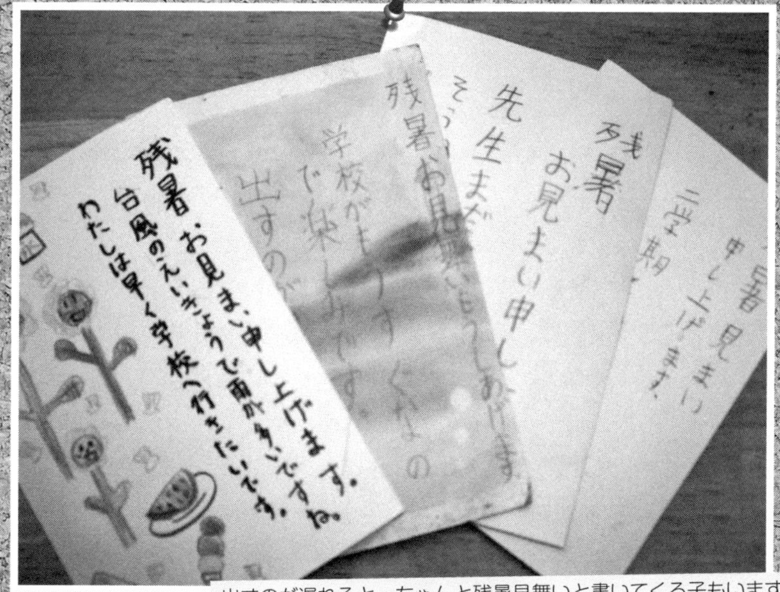

出すのが遅れると，ちゃんと残暑見舞いと書いてくる子もいます

「お話の地図」を書こう！

授業の中で随時

物語文

活動のねらい

物語文を場面の移り変わりをとらえながら読み，絵や文章で表しながら全体の流れをつかむことができるようになる。

活動の概要

低学年の物語文指導では，場面の移り変わりをとらえながら読み，物語の大きな流れをつかむ力を育てたいものです。

そこで，教科書の物語文を場面ごとに絵と文章で表す「お話の地図」づくりの活動を行います。場面の移り変わりをしっかりと意識しながら絵と文章で表すことを通して，物語全体の流れをつかむことができます。

この活動は，1年間を通して継続的に行っていくと，どんな作品を読むときにも生かすことができる，物語の流れをつかむ力が育ちます。

また，取り組みを始める前に，教師や先輩がつくったモデルを示すようにします。すると，子どもたちはそのモデルを見て，「物語文を場面ごとに絵と文章で表すことはおもしろそう！」「こんなふうに書けばいいんだ！」と，活動への期待感を高めたり，学習の見通しをもったりすることができます。

（長屋　樹廣）

ポイント！

●場面ごとに絵と文章で表現させるべし！

●取り組みを始める前にモデルを示すべし！

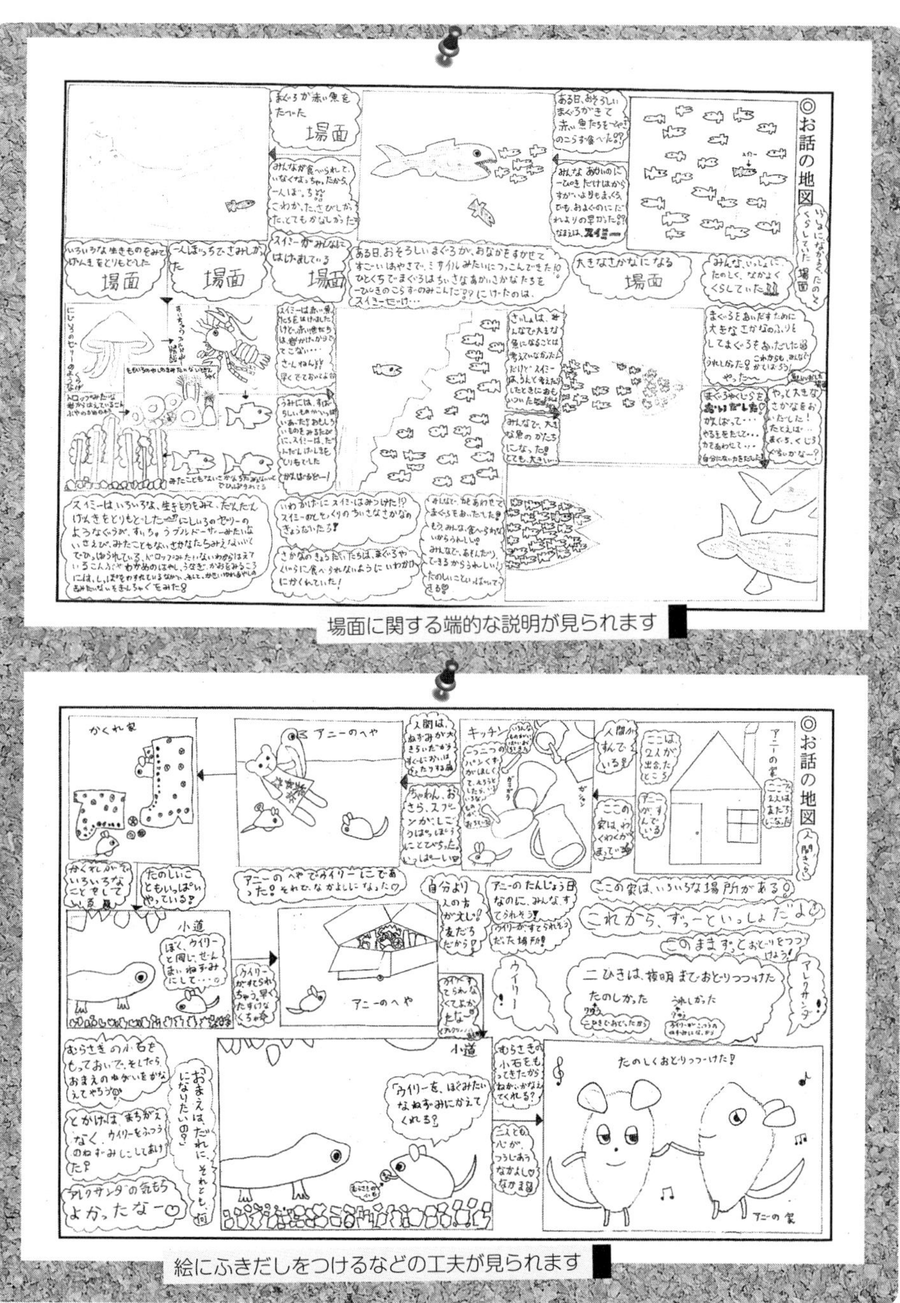

場面に関する端的な説明が見られます

絵にふきだしをつけるなどの工夫が見られます

1年 2年 3年 4年 5年 6年

友だちになりきって くわしく伝えよう！

15分程度

ジャンル

インタビュー

活動のねらい

友だちにインタビューすることで，くわしい様子や相手の気持ちを意識した文章を書くことができるようになる。

活動の概要

２年生の作文は「～をしました。そして，～をしました」のように，事実の羅列だけで，くわしい様子や気持ちが書かれていない作文が少なくありません。そこで，「友だちになりきって作文を書く」という目的を提示します。この目的があることで，そのときのくわしい状況や様子，友だちの気持ちを知る必要感が生まれます。そして，インタビューをさせることで，聞き取ったくわしい様子や気持ちを意識しながら文章を書くことにつなげます。

具体的には，次のような手順で取り組みます。

❶２人で１組になり，テーマについてインタビューし合い，メモをとる。
（例　いつ，どこで，だれと，どんなことをしたのか，そのときの気持ち）
❷インタビューしたことを基に，友だちになりきって文章を書く。
❸書いた文章を友だちに読んでもらい，加筆修正をしてもらう。

慣れてきたらより詳しい内容を聞き取り，文章にも反映させていきます。

（渡部　雅憲）

ポイント！

●細かい内容までインタビューさせ，くわしい文章を書かせるべし！

くわしい様子や気持ちを書くために友だちにインタビューをします

メモ

・いつ？
3月14日
ペコちゃんケーキ
おとうさんにかってもらった
・どこで？
家で
・だれと？
家族
チョコ
るかちゃんがチョコ
いもうとブルーベリー
・どんなことをしたの？おかあさんショートケーキ（くだもの）
ケーキを食べた。おとうさん（あまれた）
・どんな気もちだった？
おいしくてうれしかった。

名前：

わたしは、3月14日におとうさんがペコちゃんのケーキを買ってきて、チョコとブルーベリーケーキとショウトケーキを二つ買ってきて、家族みんなで食べました。お母さんは、ショートケーキおばあちゃんもショートケーキで、おとうさんもでした。妹　はブルーベリーケーキ、わたしは、チョコケーキでした。おいしくて、うれしかったです。

インタビューを基に，時，場，気持ちなどを意識した文章を書きます

自己紹介文を考えよう！

20分程度

自己紹介

活動のねらい

友だちと楽しみながら材料を集め，自分らしい自己紹介文を書く。

活動の概要

クラス替えをすると，年度はじめに自己紹介をする機会があります。そこで自己紹介文を書く材料を友だちと楽しみながら集める活動を行います。

まず，教師が次のような自分の紹介文を示します。

私の名前は，田中元康です。 すきな食べものはオムライスです。ふわふわたまごにケチャップをたっぷりかけて食べます。 すきな色は青です。見ていておちつくからです。 みなさんどうぞよろしくおねがいします。	私の名前は，田中元康です。 すきなスポーツはソフトボールです。ホームランを打ちたいです。 すきな教科は国語です。詩を読むのがすきです。 みなさんどうぞよろしくおねがいします。

そして，上の例の下線部のような紹介文の内容を決める要素を８枚のカード（それぞれ学級の人数の二分の一用意します）で子どもたちに提示します。子どもたちは２人組になり，じゃんけんを繰り返しながら勝った方が先に１枚ずつカードを選んで，それぞれの紹介文の要素を決めていきます。A，B，Cのカードには，お互いが知りたいことを相談して書くようにします。

また，すぐに紹介文を書くのではなく，右ページ左上のような図を用いて紹介文の内容を整理させていきます。

（田中　元康）

ポイント！

●子どもが相談して要素を決めるカードを用意するべし！

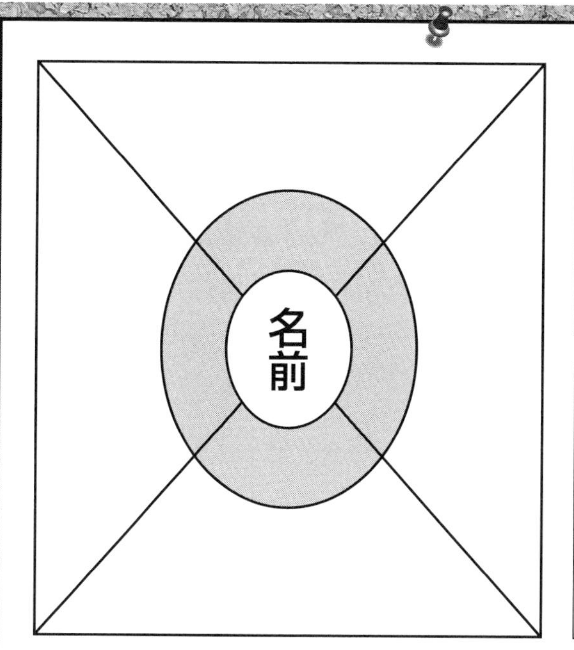

灰色のところにカードを入れ，その外側に内容（理由など）を整理していきます

お互いが知りたいことを相談しながらA～Cを決めるとき，とても盛り上がります

カードを引いて詳しい作文を書けるようになろう！

時間 20分程度

ジャンル

作文

活動のねらい

様子を表す言葉や話し言葉をうまく入れながら，読み手に伝わる詳しい作文を書けるようになる。

活動の概要

単調な文章に，様子を表す言葉を書き加えたり，話し言葉を入れたりすることで，"出来事作文"から脱却する手がかりをつかむための活動です。

まず，「形」「大きさ」「色」「音」「におい」「手ざわり」「話し言葉」「気持ち」といった言葉が書かれたカードを箱に入れます。そして，２人組でカードを引いて，その言葉の要素を含む文を書き加えていきます。

例えば，「運動場でドッヂボールをしました」というはじめの一文を示します。次に，「形」のカードを選んだとすると，「最初に四角のコートに整列しました」というように，形を表す言葉を入れた文をつなげます。

引いたカードは元に戻すことにします。すると，連続して同じカードが出て続きが思いつかないときがあるので，そのときは別の一文でカードの言葉を含む文にうまくつなぎます。このようにしてカードを引きながら，作文を完成させていきます。

（田中　元康）

ポイント！

●慣れてきたら，一度に２枚のカードを引くといったルールの追加もしていくべし！

1文目　運動場でドッヂボールをしました。
【1枚目のカード…「形」】
2文目　最初に四角のコートに整列しました。
【2枚目のカード…「色」】
3文目　田村君が黄色のボールをぼくに投げてきました。
【3枚目のカード…「色」】
（思いつかないのでつなぎの一文を入れる）
4文目　さっととんでボールをよけました。
5文目　そのとき、青い空が見えました。
【4枚目のカード…「音」】
（カードを一度に2枚に変更）
【5枚目のカード…「話し言葉」】
6文目　となりで高橋君が、バシッとボールを受けとめ、みんなが、
「ナイス。」
と言いました。

上の具体例をあらかじめ示しておくと取り組みやすくなります

相談も可とすると，苦手な子どもも安心して取り組むことができます

「ことわざ新聞」をつくろう！

活動のねらい

グループでテーマを決めて新聞づくりを行うことを通して，構成を考える力をつける。

活動の概要

書く活動で育てたい力の1つに「構成を考える力」があります。ただテーマに沿って漠然と文章を書くだけでは，この力は育ちません。

そこで，構成を考えたくなるような身近なしかけを使ってみました。それは，新聞の様式です。教科書でもよく取り上げられているので，子どもたちにも比較的なじみがあります。

ここでは，ことわざを学習した後に「グループで1枚『ことわざ新聞』をつくろう」という課題を提示しました。まず，A４用紙を４等分してそれぞれのグループに配ります。そして，「ことわざ短文新聞」「問題新聞」などグループでテーマを決め，構成を具体的に検討していきます。子どもたちは，「タイトルの横には○○な内容がいいな」「どのことわざを使って文章を書く？」などと，内容のつながりを意識しながら紙面を仕上げていきます。

でき上がったグループから黒板に掲示し，交流する時間をもつと，より楽しくなります。

（藤井　大助）

ポイント！

●つくり込む前に，構成の意図を教師が確認するべし！

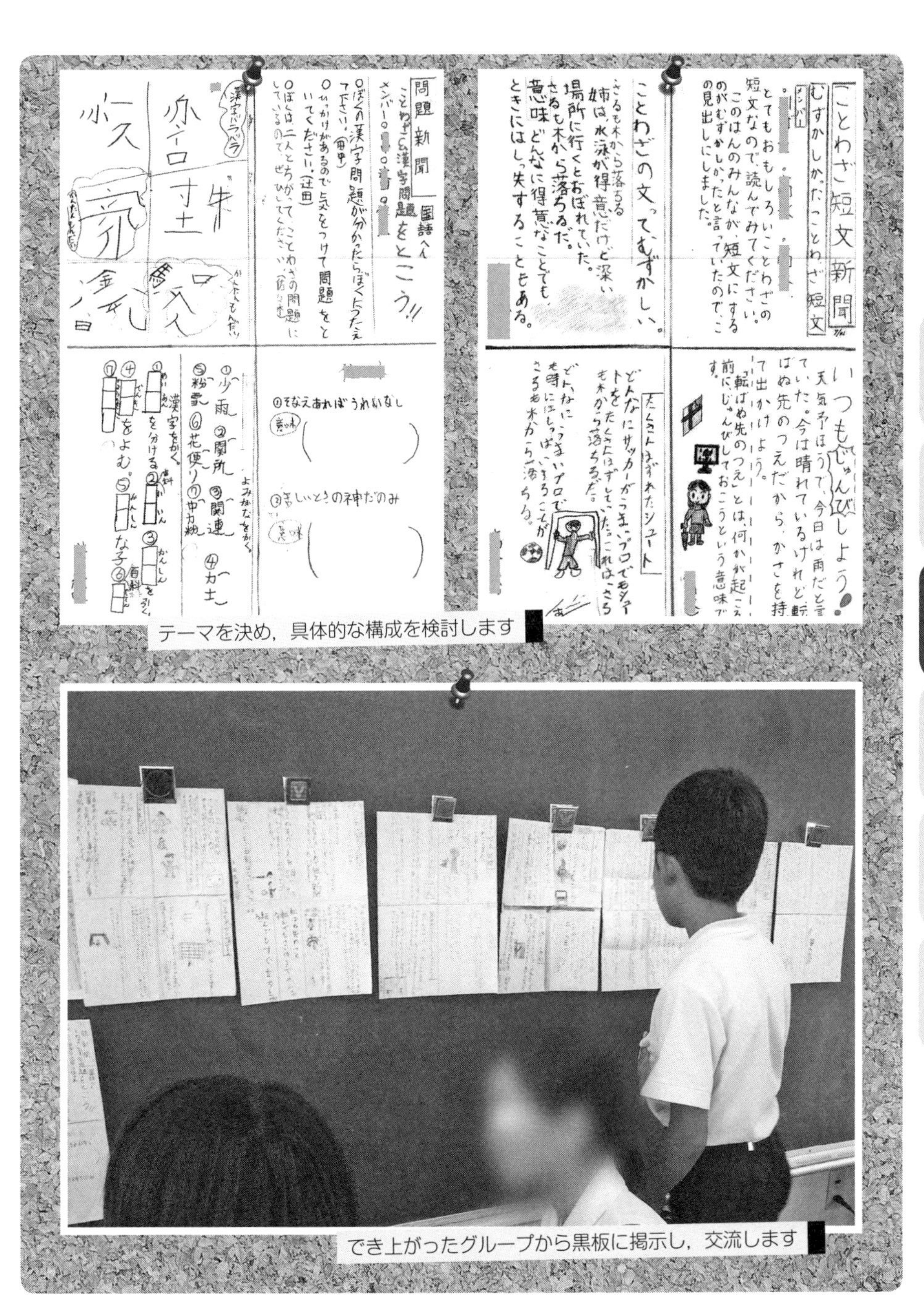

テーマを決め，具体的な構成を検討します

でき上がったグループから黒板に掲示し，交流します

「いうえおか暗号」でヒミツのやりとりをしよう！

時間　20分程度

ジャンル

言葉の規則

活動のねらい

暗号のルールを理解し，言葉の規則性を生かして文章を書くことができるようになる。

活動の概要

私たちが通常使っている五十音を，１文字ずつずらして表記すると，見たこともない文章が登場します。

例えば，あ→い，い→う，う→え，え→お，お→か…「いうえおか」といった具合です。

このルールを「いうえおか暗号」と名づけます。

「おなかがすいた」という一文を「いうえおか暗号」で表すと，「かにきぎせうち」になります。また，「ゆうごはんはカレーをたべます」を「いうえおか暗号」で表すと，「よえざひあひキローんちぼみせ」です。

このようにして文章を変換し，右ページのような解読表で表記のルールを確認しながら，つくった文章を友だちと解読し合うことを楽しむ活動です。

この活動を通して，言葉の規則性を生かして書くことの楽しさに気がつき，生き生きと表現することができるようになれば大成功です。

（藤原　隆博）

ポイント！

●解読表を用いて，言葉の規則性を使って書く楽しさを味わわせるべし！

「いうえおか暗号」かいどく表

あいうえお → いうえおか
かきくけこ → きくけこさ
さしすせそ → しすせそた
たちつてと → ちつてとな
なにぬねの → にぬねのは
はひふへほ → ひふへほま
まみむめも → みむめもや
やゆよ → ゆよら
らりるれろ → りるれろわ
わをん → をんあ

※カタカナも同じルールとする。

解読表は各自に配ります

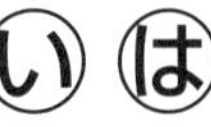

ざひあひ
かうすうの

子どもの作品例。「ざひあひかうすうの」を解読すると…

みんなで１つの詩をつくろう！

時間　45分

ジャンル　創作

活動のねらい

表現技法を工夫しながら，友だちとともに１つの作品をつくり，一緒に楽しみ，味わう。

活動の概要

まず，１人に１枚ずつ紙を配り，４人グループになります。

１回目は，共通の題で，教師が１連目を示します。例えば，題は「田」で「そよそよと／田んぼの上を／何かが走っていく」と１連を紹介します。続いて，子どもがそれぞれ２連目を書きます。「題名や前の連に書いてあることから想像を膨らませて，表現方法や言葉を工夫して書いてみよう」と声をかけましょう。そして，また１連書けたら紙をとなりの子に渡します。同じことをあと２回繰り返すと，５連の連詩が４つできます。

これをグループで読み合い，感想を述べます。「えー，なんでこう書いたの？」「うまくつながってる！」など笑顔で味わいタイムが始まります。

２回目は，それぞれが題名と１連目を書きます。１連ずつ書き加えとなりに渡していくことで，教室はいつしか静寂に包まれます。ここで，教師が技法にこだわっている子どもを紹介すると，すぐにそれを取り入れようとする子が出てきます。

（藤井　大助）

ポイント！

●言葉を通して前の連に書かれている言葉とのつながりを想像させるべし！

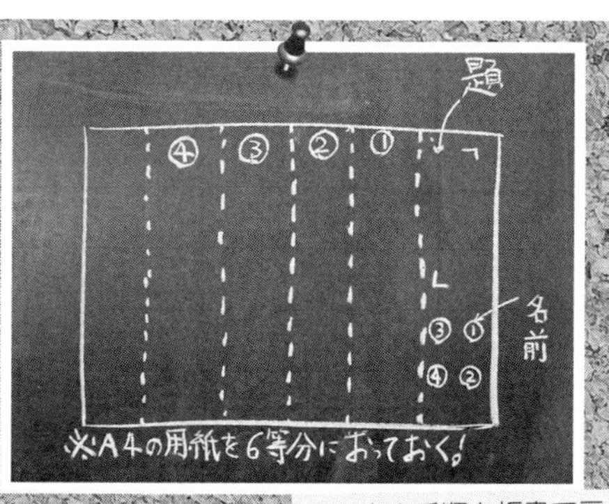

書き方や手順を板書で示しておくとスムーズに取り組めます

「生き物」

①名前 ③名前

②名前 ④名前

生き物見つけた

小さな小さな生き物見つけた

それは海の生き物だった

小さな小さな動きをしている

ゆらゆら動いていた

小さな小さな顔が見えた

その生き物は、

小さな小さな食べ物を運んでいました

グループ全員がかかわるので，みんなで楽しく読み合えます

2つのステップで説明文を書こう！

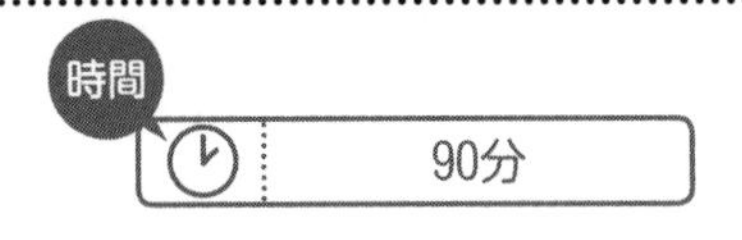

説明文

活動のねらい

見本を読む→文章構成図をつくる，という２つのステップを踏むことで，構成の整った説明文を書くことができるようになる。

活動の概要

説明文を読んだ後，書く活動を入れることはよくありますが，構成の整った説明文を書くのはとても難しいことです。そこで，２つのステップを踏んで，しっかりと構成の整った説明文を書く活動を紹介します。

まず，第一のステップとして見本となる説明文を読みます。右ページの写真の例では，『ミラクルミルク』を見本に使いましたが，『ミラクルミルク』は，各意味段落の最初にミラクルによって変身してできたものが簡潔に示されているので，この構成を真似させることにしました。続いて，第二のステップとして，（事前に宿題で書く内容について調べたうえで）「文章構成図」をつくります。右ページ上の写真では，『ミラクルミルク』のように，それぞれの意味段落の最初に問いの答えとなるものを書いています。

このように，２つのステップを踏む（見本となる説明文を読む→文章構成図をつくる）ことによって，構成の整った説明文を書けるようになります。

（笠原　冬星）

ポイント！

●事前に文章構成図を１枚のプリントにまとめるべし！

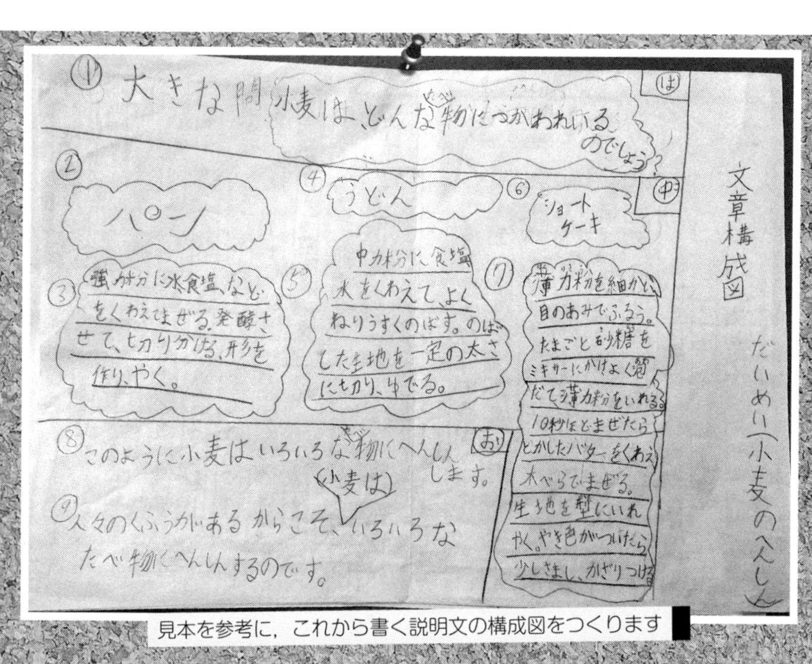

見本を参考に，これから書く説明文の構成図をつくります

小麦のへんしん

みなさんは、小麦と言う植物を知っていますか。小麦をそのまま食べた事はあまりないと思います。ですが、小麦はいろいろなたべ物につかわれています。では、どんなたべ物につかわれているのでしょう。

まず、一番分かりやすいのはパンです。強力粉に水、食塩などをくわえてまぜます。生地に温度計をさしこみ、発酵時間を決めます。そして、同じ大きさに生地を切り分けます。分けた生地を細長くのばし二本をつなぐような形にして、型に入れて焼くのです。

つぎに分かりやすいのはうどんです。中力粉に食塩、水をくわえよく練り、うすくのばします。のばした生地を一定の太さに切り、ゆでてから冷たい水で洗うのです。

ほかにも、洋菓子のショートケーキなどにも、麦はふくまれています。

2つのステップを踏むことで，構成の整った説明文ができ上がります

「遊びのルールブック」をつくろう！

時間 90分

ジャンル

説明文

活動のねらい

ルールを知らない人と一緒に遊ぶという前提を踏まえながら，必要なことを落とさずにわかりやすく書くことができるようになる。

活動の概要

普段，子どもたちが口頭で伝え合っている遊びのルールを文章化する活動です。「おにごっこ」「だるまさんがころんだ」など，遊びは何でもかまいません。子どもが伝えたいと思う遊びのルールを「ルールブック」として書かせます。その際，「今度1年生と一緒に遊びます。1年生はその遊びをしたことがないので，はじめてでもよくわかるようにルールブックを書いてください」と条件を示します。

実際の授業では，はじめに全員同じ遊びを取り上げ，必要な情報を押さえながら順序立ててルールブックが書けるかどうかを確かめます。その後で，各自好きな遊びを取り上げ，ルールブックをつくっていきます。右ページ上の写真は，算数の導入などで扱われる「くさったまんじゅうゲーム」のルールブックの一部です。

ルールブックが完成したら，となり同士で読み合い，相手にきちんと伝わるかどうかを確認します。

（広山　隆行）

ポイント！

● 「ルールを知らない人に向けて書く」ということを強調するべし！

○○○○○ ○○○○○○●

ここに13このまんじゅうがあります。

いちばん右のまんじゅうは、くさっています。
いちばん左のまんじゅうからこうたいでとっていきます。
とるときは1こか、2こか、3こ、とります。
すきな数をとっていいです。
くさったまんじゅうをとってしまった人がまけです。

まけ

文章だけでなく，図も交えながらわかりやすく説明しようとしています

1年生と一緒に実際にゲームをする活動を単元の最後に組みました

身近な道具の使い方やつくり方を説明しよう！

時間　90分

ジャンル

説明文

活動のねらい

伝える順序や表し方を工夫をしながら，相手にわかりやすい説明の文章を書くことができるようになる。

活動の概要

子どもたちに，身近な道具を1つ選ばせます。はさみ，えんぴつ，消しゴム，のり…などなど，普段当たり前に使っている道具です。その道具の説明書を書かせる活動ですが，「説明書を読む人は，まだ一度もその道具を使ったことがない人だと思ってね」と伝えます。

書くときには，特に順序を意識させます。「まず」「次に」「その次に」「最後に」などの接続語を使ったり，番号をつけて箇条書きにしたりするとわかりやすくなることを教えましょう。

書いていると，子どもから「絵や図をかいてもいいですか？」という質問がよく出ますが，これもよいことにします。

書き終わったら，その説明書で道具の使い方がわかるかどうかを読み合って確かめます。

右ページ下の写真のように，使い方だけでなく，つくり方を説明させるのもよいでしょう。

（広山　隆行）

ポイント！

●まずは，その道具にしっかり触れさせるべし！

えんぴつけずりの
つかい方

①えんぴつけずりのえんぴつを入れる所にえんぴつを入れる。

②手でえんぴつを、回す。

③けずり終ったら、えんぴつを持って手前に引く。

④しゅうりよう

番号をつけて箇条書きにするという工夫が見られます

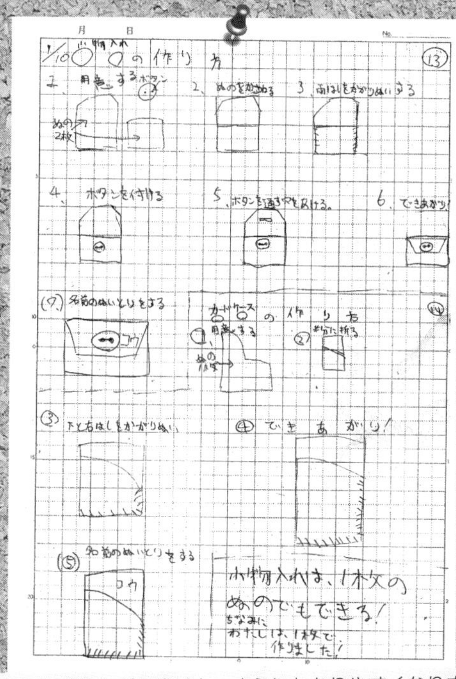
小物入れの作り方

1. 用意する ボタン ぬの2枚

2. ぬのをかさねる

3. 右はしをかがりぬいする

4. ボタンを付ける

5. ボタンを通すあなをあける。

6. できあがり!

⑦ 名前のぬいとりをする

カードケースの作り方

① 用意する ぬの1枚

② 半分に折る

③ 下と右はしをかがりぬい

④ できあがり!

⑤ 名前のぬいとりをする

小物入れは、1枚のぬのでもできる! ちなみにわたしは、1枚で作りました!

絵や図を交えながら書くと，さらにわかりやすくなります

「コラージュ」で物語を紹介しよう！

時間 授業の中で随時

ジャンル

物語文

活動のねらい

「コラージュ」をつくることを通して，自分自身の視点を定めて物語文を紹介できるようになる。

活動の概要

物語文を「お気に入りの場面」「登場人物の人物像」「気持ちの変化」「あらすじ」といった視点で切り取り，組み合わせた「コラージュ」で紹介する活動です。

作品をとらえる視点を決めることで，子どもの感じ方の違いなどが表れやすくなります。

まずは教科書の教材文で書き方（つくり方）を学習します。その際，教師がつくったモデルを紹介するとよいでしょう。また，右ページ下の写真のように，文章だけでなく絵もかかせるようにすると，より個性的なコラージュができ上がります。

その後，自分のお気に入りの本や作者等を選んでつくらせます。「学校の玄関前廊下で全校児童や来校者に向けて展示しよう」と投げかけると，より高い意欲をもって活動に取り組むことができます。（長屋　樹廣）

ポイント！

●教師がモデルを示すべし！

●文章だけでなく絵でも表現させるべし！

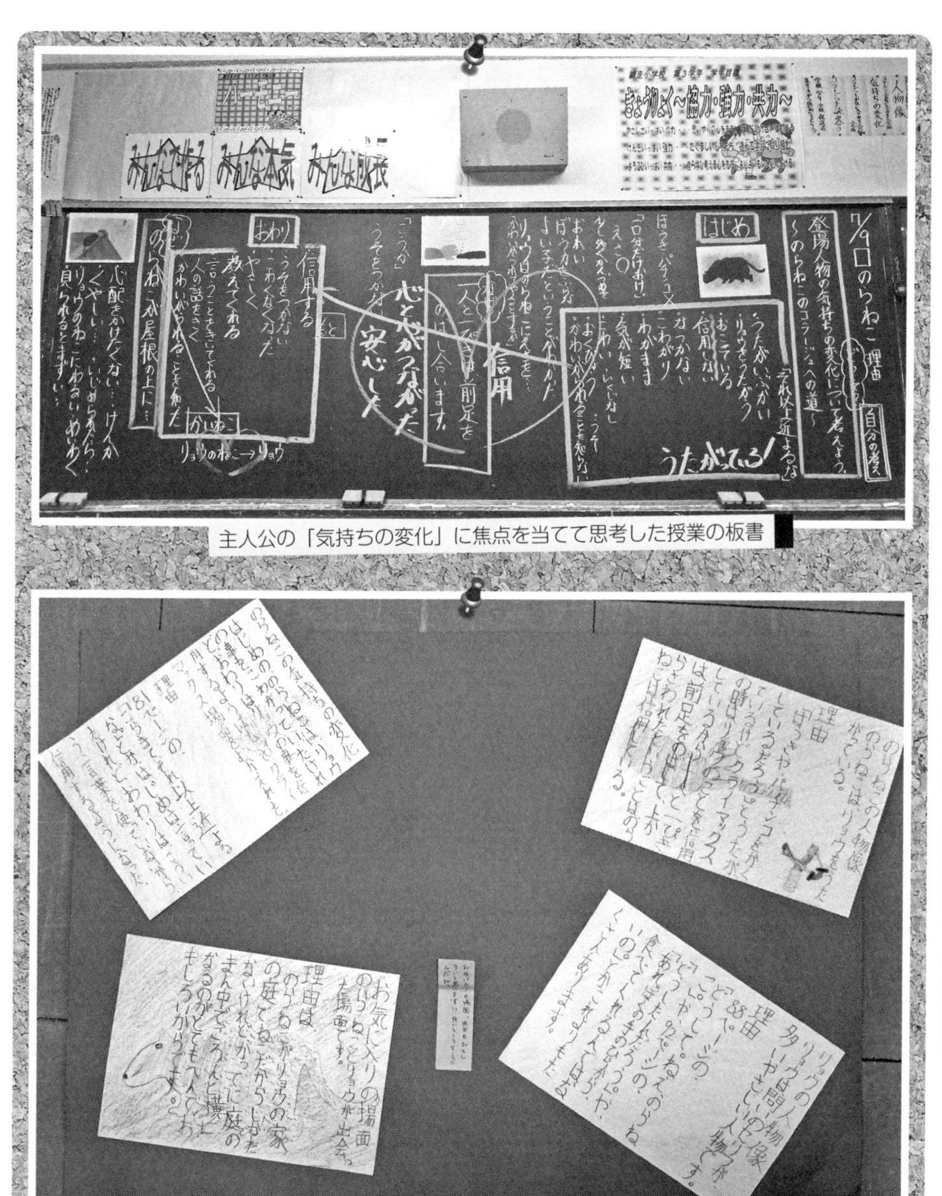

主人公の「気持ちの変化」に焦点を当てて思考した授業の板書

視点を決めて物語文を切り取ります

「本のショーウィンドウ」をつくろう！

時間
授業の中で随時

ジャンル
物語文

活動のねらい

「登場人物の人物像」「気持ちの変化」「あらすじ」など，視点を定めて物語文をとらえたり，まとめたりすることができるようになる。

活動の概要

前項のコラージュと同様，物語文を「お気に入りの場面」「登場人物の人物像」「気持ちの変化」「あらすじ」といった視点で切り取り，「本のショーウィンドウ」として紹介する活動です。

右ページの写真は，「本のショーウィンドウ」の実物です。それぞれの面に切り取った視点で文章や絵をかきます。真ん中の部分にも大きく作品にかかわる絵がかかれており，ここにも子どもの個性が表れます。

この活動も，まずは教科書の教材文で書き方（つくり方）を学習します。その際，教師がつくったモデルを紹介するとよいでしょう。

その後，自分のお気に入りの本を図書室で選び，つくっていきます。完成した「本のショーウィンドウ」は，図書室に展示します。

１年間の中で複数回行うと，「登場人物の人物像」「気持ちの変化」「あらすじ」をとらえたり，まとめたりする力が伸びていきます。（長屋　樹廣）

ポイント！

●完成した「本のショーウィンドウ」は，図書室に展示するべし！
●１年間を通して継続的に取り組ませるべし！

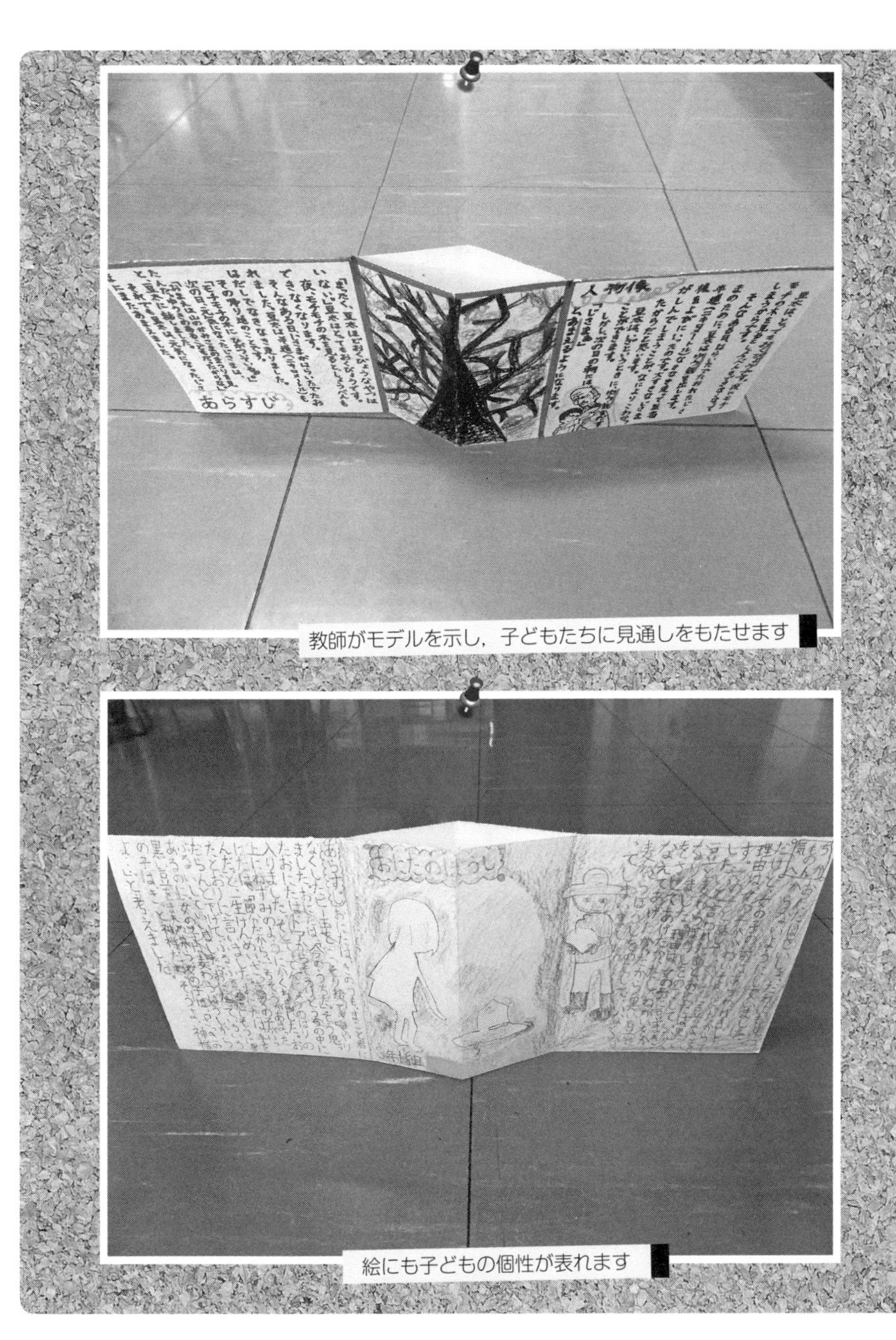

教師がモデルを示し，子どもたちに見通しをもたせます

絵にも子どもの個性が表れます

学期の終わりの自分に手紙を書こう！

30分程度

手紙

活動のねらい

学期末の自分宛てに手紙を書くことによって，自分の生活に見通しをもつとともに，手紙で表現することのよさに気づく。

活動の概要

学期末の自分宛てに手紙を書く，という活動です。書くタイミングは，学期の最初の授業です。

活動に先だってガイダンスを行います。その学期に予定されている行事や活動を紹介します。また，大まかに学習の内容を板書しながら伝えます。行事予定表やカレンダーを活用してもよいでしょう。

次に，手紙を書かせます。書く内容は，その学期に自分ががんばりたいと考えたことです。「なわとび大会ではいい記録を残せましたか？」のように，学期末の自分に向けて，話し言葉で語りかけるように書かせることがポイントです。

下段には，「今学期の終わりのあなたに先生はどんなことを話しているかな？」という問いとともに，先生のイラストと吹き出しの欄を設けます。教師は，ここに書かれていることを意識して一人ひとりに対応していくと，子どもとプラスのかかわりが増えます。

（大江　雅之）

ポイント！

●完成した手紙は大切に保管し，通知表とともに一人ひとりに渡すべし。

スムーズに書き出せるよう，ガイダンスは丁寧に

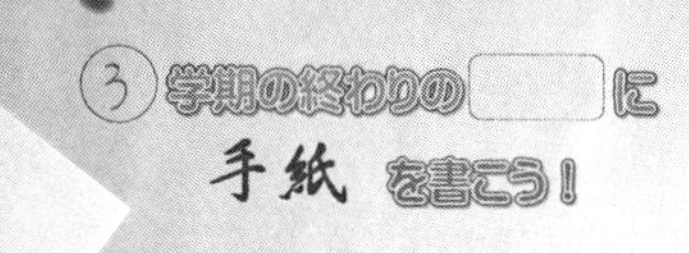

○○は、かぜをひかずに勉強をがんばっていますか。6年生をおくる会では、6年生をしっかり見おくることができましたか。なわとび大会もあったと思いますが、なわとび大会では、いいき録をのこせましたか。今年もかぜをひかずに元気に勉強をがんばってください。

★今学期の終わりのあなたに、先生はどんなことを話しているかな？

なわとび大会で、とてもいいき録をだすことができましたね。来年もがんばってください!!

手紙と一緒に封筒も渡して雰囲気を高めます

日記を物語に変身させよう！

活動のねらい

自分を名前や「彼」「彼女」で表したり，「まるで…のように」という比喩を用いたりすることで，日記を物語のように書けるようになる。

活動の概要

日記を毎日，あるいは１週間に１回程度は書かせている学級は多いでしょう。日記は，それだけ子どもたちにとって身近な書く活動です。そこで，日記を子どもたちのものの見方を豊かにする手だてとして，また，文章表現力を豊かにする手だてとして位置づけてみてはどうでしょうか。

ここで紹介するのは，日記を物語に変えてしまう，という方法です。

やり方はとても簡単です。

まず，自分のことを表すのに「ぼく」や「私」ではなく，自分の名前を使わせます。そして，自分が登場する２回目以降は「彼」や「彼女」で表します。これだけで，物語の中の主人公のように自分が動き出します。

これだけでは物語として少し味気ないので，「まるで…のように」という比喩を入れ込むようにします。すると，子どもらしい比喩で描かれた楽しい物語になります。

帰りの会でやり方を説明し，家庭で取り組ませましょう。　（小林　康宏）

ポイント！

●最初は先生が例を示して，書き方のイメージをつかませるべし！

おばあちゃんと出かけたこと

今日おばあちゃんと〇〇と〇〇のお母さんと弟で買いものにいった。そしたらおばあちゃんが「好きなの買いな」といったので〇〇と弟はおかしを買ってもらいまるでうさぎのようにぴょんぴょんはねていた。そして買いもののあと五人はかっぱずしに行った。すごくこんでいた。おなかがすいたと　〇〇と弟はゆうれいの（まるで）ようにしょぼんとしていた。でもついに順番がきたらよろこんでいた。そして席にすわり食べたいものを運んでついにおすしを食べるとまるでライオンのように食べていた。そして食べおわっておなかいっぱいといって〇〇たちは帰っていった。

おもしろいですね
気持ちの変化がよくわかります。

文末を「…と思いました」としないのも，物語らしさを出すコツです

交換して読み，感想を伝え合うことで表現力を磨いていきます

感情表現を入れずに俳句をつくろう！

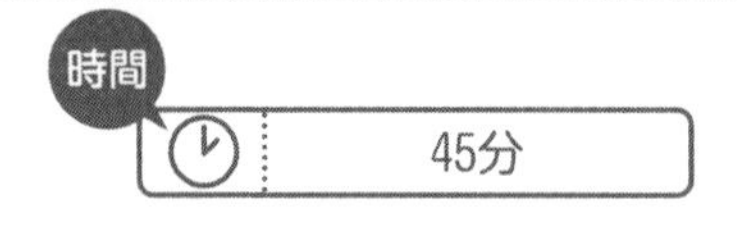

時間　45分

ジャンル　俳句

活動のねらい

「楽しい」「うれしい」などの直接的な感情表現を入れず，読み手に作品世界を想像させるような俳句をつくることができるようになる。

活動の概要

一般に，俳句を詠むときには，書き手の感情表現は入れず，作品世界を読み手に想像させる場合が多いと思います。しかし，子どもに俳句をつくらせると，「雪だるま　みんなでつくって　楽しいな」のように，直接的な感情表現を入れる場合が少なくありません。

そこで，感情表現を入れずに俳句をつくる方法を身につけさせます。やり方は簡単です。「気持ちを入れずに俳句をつくる」という約束をしてから，まず今の季節から思い浮かべる言葉をどんどん出させます。次に，その言葉に関して，見えるもの，聞こえるもの，触った感じ，味，においなど，五感でとらえられることを書き出します。その後，五・七・五の形にまとめます。

しかし，作品はこれで完成ではありません。子どもの俳句はどうしても動詞で終わることが多いので，順序の入れ替えができないか検討させます。また，一番強く感じたところに，や・かな・けりのような切れ字をつけられないか検討させたりして，磨きをかけて完成とします。（小林　康宏）

ポイント！

●写真や絵のように俳句をつくる，という意識をもたせるべし！

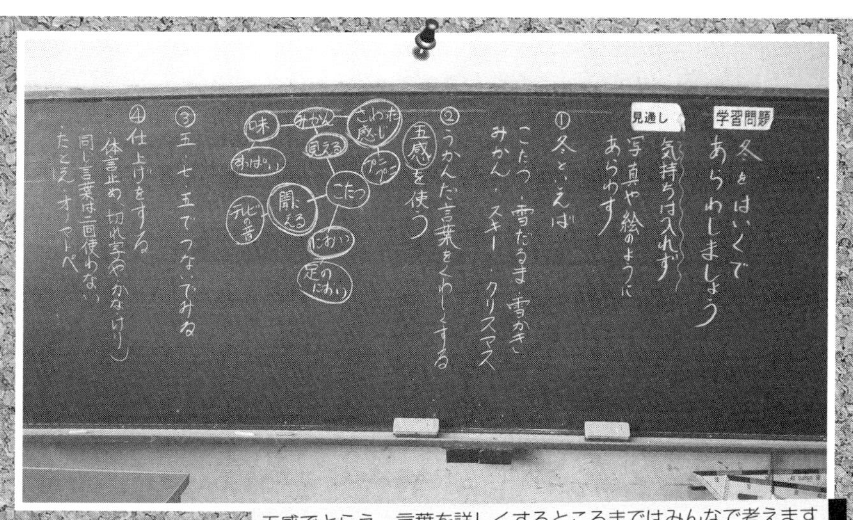

五感でとらえ，言葉を詳しくするところまではみんなで考えます

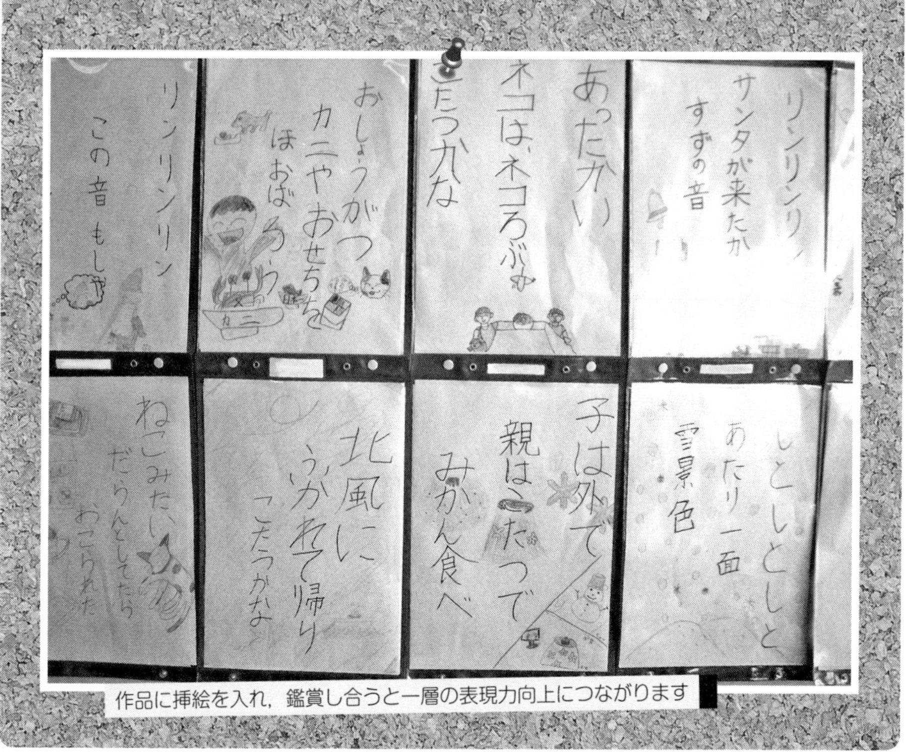

作品に挿絵を入れ，鑑賞し合うと一層の表現力向上につながります

「段落メモ」で作文名人になろう！

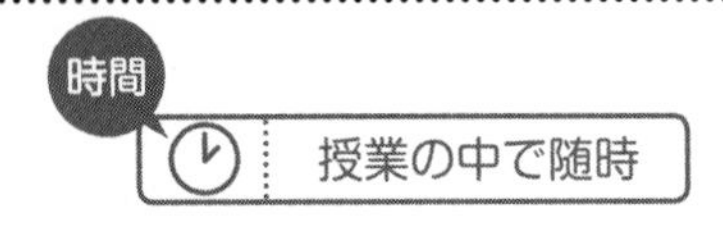

活動のねらい

作文全体の構成や内容の整合性をしっかり検討することで，見通しをもって作文を書くことができるようになる。

活動の概要

作文を書いた後，教師が指導しながら見直しや推敲をさせることがあります。しかし，些末な表現の修正などではなく，作文全体の構成にかかわるような手直しが必要となると，せっかくがんばって書いた子どもたちの意欲が大きく削がれてしまいます。

そこで，そういったことにならないように，作文を書き始める前に，右ページのような「段落メモ」（下書き用紙）を用いて，作文全体の構成をしっかり検討させます。

「段落メモ」を用いると，少しずつ区切って書くことができます。また，中段の欄にその段落に書く内容を端的に示しておくことで，たくさんのことを盛り込み過ぎたり，趣旨から外れてしまったりすることを避けられます。

「段落メモ」は，まず「始め」「終わり」を検討し，その後「中」の内容を検討させます。「中」も段落ごとに区切って書くので，仮に不要な段落が出て来ても，その段落だけ削除することが容易にできます。（相澤　勇弥）

ポイント！

●「一段落一事項」を意識させるべし！

始め

みんなと協力できるということ。

わたしがしょうかいすることは、「○○小ならではのうんどう会」です。うんどう会は赤白ぐんにわかれて、協力したのしめる行事です。○○小だけのきょうぎもあってだれもが楽しめる行事です。

終わり

みんなで仲よくうんどうできるということ。

このように、うんどう会をみんなと協力することによって、たくさんの人々と協力すると、「○○小ならではの「○○小だけの」うんどう会をもっともっと学校のみんながたくさんの人とふれあえます。

まずは「始め」「終わり」から検討します

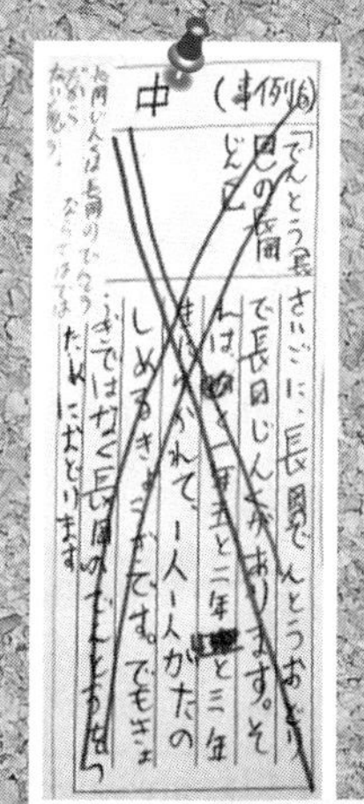

よう園じと中学生が手をつないであいてにまけないように全力でたたかおう

中（事例1）　中（事例）　始め

加除修正が容易にできます

マップやチャートで書く材料を整理しよう！

時間　授業の中で随時

ジャンル　作文

活動のねらい

テーマを決めて材料を集め，マップやチャートに整理することで，効率よく充実した紹介文や物語文を書けるようになる。

活動の概要

紹介文を書いたり，物語文をつくったりする活動では，まず書く材料を集める必要があります。「書けない」「書くことがない」という子どもは，書く材料をどうやって集めたり，整理したりすればよいのかがわかっていないことが少なくありません。

そこで，まず，伝えたいテーマを明確に決めさせます。右ページ上の例は，「私の町の名物『花火』の紹介文」の構想ですが，テーマを「平和」と決めました。このようにテーマを決めることで，集めるべき材料がグッと絞り込まれます。

そして，右ページのように，材料を集め，マップやチャートに整理していきます。マップは，報告内容に明確な序列性があまりなく，思考を広げながら整理したい場合などに有効です。一方，チャートは，物語文づくりなど，内容に明確な順序性があり，筋道立てて材料を整理する必要がある場合などに有効です。

（相澤　勇弥）

ポイント！

●目的に応じてマップやチャートを使い分けるべし！

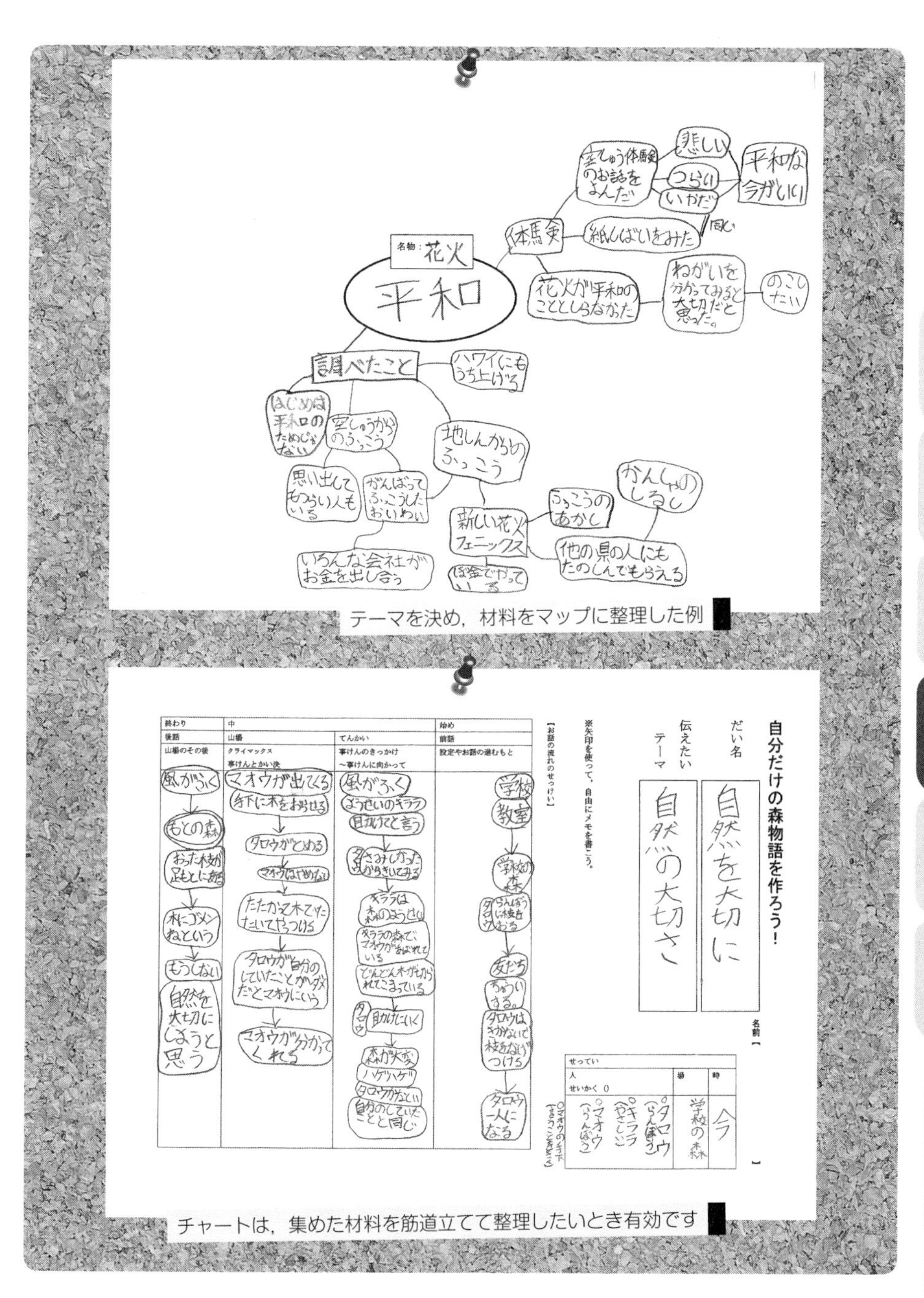

テーマを決め，材料をマップに整理した例

チャートは，集めた材料を筋道立てて整理したいとき有効です

作文の骨組みをマスターしよう！

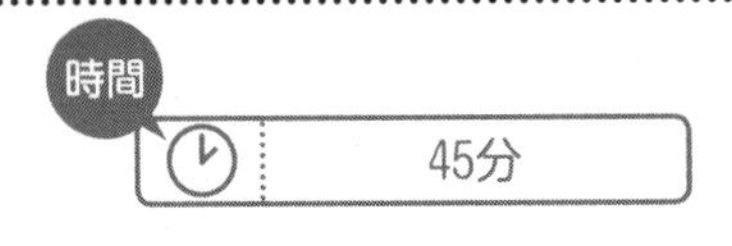

活動のねらい

作文を構成する要素と全体の骨組みを理解することで，筋道立てて文章を書く力を身につける。

活動の概要

運動会や社会見学などの作文を書かせるとき，どうやって書くのかを指導せず，でき上がった子どもの文章を読んで「うちのクラスの子は文章力がなくて困るな…」などと悩んだりしていないでしょうか。

書き方さえきちんと指導すれば，子どもの表現力は高まり，思考が促されて言葉もどんどん出てくるので，筋道立てて文章を書く力が身についていきます。

ポイントは，文章の骨組みをきちんと示す，ということです。

やり方は簡単です。まず，右ページ上の写真のように，作文の要素を箇条書きで始めから終わりまで示し，全体の骨組み（流れ）を明らかにします。次に，それぞれの要素について簡単な具体例を示します。

これを同じ骨組みで何回か繰り返してみましょう。そうしているうちに，子どもたちは自分で骨組みを意識して作文を書けるようになっていきます。

（小林　康宏）

ポイント！

●骨組みの基本は「目標→方法→結果→考察→今後の展望」とするべし！

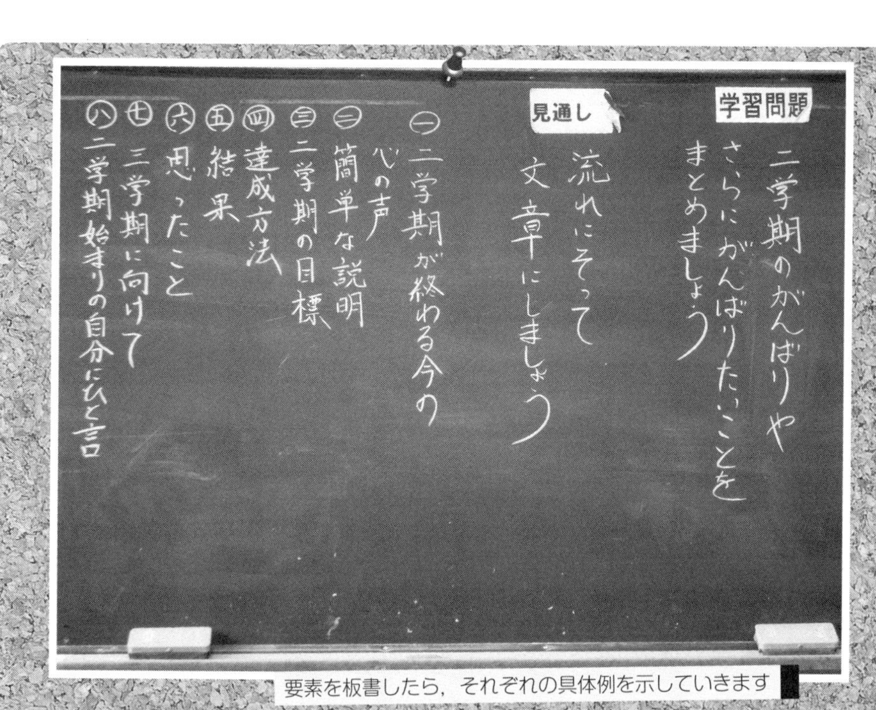

要素を板書したら，それぞれの具体例を示していきます

ときどき板書を確認しながら，子どもたちはぐんぐん書いていきます

メモを書く力を鍛えよう！

20分程度

メモ

活動のねらい

最初の一文，文の区切りなどの注意点を押さえて，メモを書くことができるようになる。

活動の概要

話すこと・聞くことの学習では，よくメモをとります。しかし，子どもたちのメモを書く力は，どれぐらい鍛えられているでしょうか。

そこで，メモを書く力を鍛える活動を紹介します。

まず，右ページ上のような具体例を示し，「メモをする際に注意するべきことは何でしょう？　小島さんの話と山田さんのメモの内容を比べてみましょう」と投げかけます。しばらく考えさせた後，注意するべきこととして，以下のような点を押さえていきます。

❶最初の一文に注意する……………話の中心となる内容をとらえ，「川遊び」のように端的に表す。
❷「。」（文の区切り）に注意する…一文ごとに箇条書きにする。
❸「…たり」に注意する……………一文が長くなる場合，内容で区切る。

（相澤　勇弥）

ポイント！

●具体例に基づいて注意点を押さえるべし！
●注意点は，まずは子どもに考えさせるべし！

小島さんの話

一番のおすすめは，やはり川遊びです。ここの川のじまんは，浅くて，水がとてもきれいなことです。おかげで，大人も子どももいっしょに楽しく水遊びをしたり，生き物をつかまえたりすることができます。他の川に負けない，すばらしいことだと思います。

山田さんのメモ

川遊び
・浅くて，水がきれい
・大人も子どももいっしょに水遊び
・生き物をつかまえられる
・他の川に負けないすばらしいこと

メモの具体例

佐藤さんの話

一番のおすすめは，かつ丼です。ここのかつ丼のじまんは，たれがあまくて，量が選べることです。おかげで，子どももおいしく食べられたり，女性も注文しやすかったりします。他の店に負けない工夫だと思っています。

実際の子どものメモ

かつどん
・たれがあまい
・りょうえらべる
・子どもたべられる
・女せい注文しやすい
・ほかの店にまけないくふう

例文と同じ構成の話で練習した例

1年 2年 3年 4年 5年 6年

説得力のある理由を考えよう！

活動のねらい

対立する意見から１つを選んでその理由を書いたり，交流したりすることを通して，意見と理由をセットで述べることの大切さに気づく。

活動の概要

時事ネタやニュースなどの中から，二面性のある出来事を取り上げ，対立する意見を紹介します。その意見について理由を考え，文章に表す活動です。世の中の出来事には，１つの面だけでなく，別の側面からの見方があることに気づかせ，子どもたちの物事のとらえ方を広げていきます。

例えば，「○○という力士が今場所優勝しなかった」という出来事を取り上げ，「残念だ」「優勝しなくてよかった」という対立する意見を提示します。そして，自分が賛同する意見を選び，その理由を短冊に書かせます。「残念だ」は「横綱になったかもしれないから」，「優勝しなくてよかった」は「もっと強くなってから優勝した方がいいから」といった理由が出されます。短冊は黒板に掲示し，意見を学級全体で交流していきます。

交流していく中で，意見を述べる際には理由とセットにして考える必要があり，相手を説得するうえで，理由のクオリティが大きなカギを握ることがわかってきます。

（大江　雅之）

ポイント！

●旬な出来事を選び，自由な発想を大切にするべし！

どちらかの意見を選び，その理由を自由に書かせます

交流を通して，理由のクオリティがカギを握ることに気づかせます

感想文の感想文を書こう！

活動のねらい

友だちの感想文への感想文を書くことによって，読み手をより意識し，観点を明確にして感想文を書くことができるようになる。

活動の概要

友だちの感想文への感想文を書くことによって，書き手と読み手をつなげる取り組みです。活動が一方向ではないため，自分の感想をわかりやすく伝えようという意識が高まります。

まず，本の読み聞かせをして，その感想文を書かせます。

そして，グループで感想文を順番に回して，観点に沿って感想文に対する感想文を書いていきます。

観点は，「自分の感想文との共通点・相違点」「よい点・改善を要する点」「新たな気づき」「自分も取り入れたい表現」などです。

また，「ある程度の文量をもたせる」「思いつきで書き連ねるのではなく，意図的に構成する」など，単なる感想ではなく，感想文を書いているということを意識させるのも重要です。

明確な相手意識をもって表現する機会は，書く力を高めるうえで極めて有効です。

（大江　雅之）

ポイント！

●書く観点を示し，感想ではなく感想文を書かせるべし！

丸くなり，画板を使って順番に回しながら書いていきます

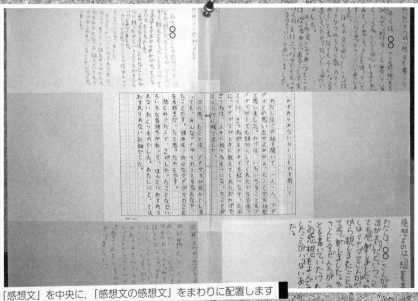

わすれられないおくりものを聞いて

わたしはこの話を聞いて、一人一人、アナグマとの思い出がよみがえったことが大切だと思いました。わけは、いろいろなことをアナグマがとても親切にしてくれたからです。とくに、きつねがネクタイを結べなかったのに、アナグマが上手に教えてくれたおかげで、きつねは、上手に結べるようになったことがとくに心に残りました。

次に思ったことは、アナグマが死んでしまっても、みんなアナグマのことを忘れなかったことです。理由は、みんながアナグマのことを大好きだったと思ったからです。

悲しかったこと、さびしかったことなどいろいろな気持ちがあって、ほんとにわすれられないおくりものでした。わたしにとっては、わすれられないお話でした。

「感想文」を中央に，「感想文の感想文」をまわりに配置します

「すてき」「ありがとう」を贈り合おう！

時間　90分

ジャンル 

活動のねらい

学級の仲間同士で，賛辞や感謝の言葉を贈り合うことを通して，お互いを認め合い，一人ひとりが自分に自信をもてるようになる。

活動の概要

私たち教師は，子どもが互いを認め，大切にし合う学級をつくりたいと願っています。また，子どもたち一人ひとりが自分に自信をもてるようになることを願っています。その２つを実現するために行うのが，この活動です。

まず，学級の子どもの人数分の枠を設けたＡ３用紙を全員に配布します。そして，枠の中に「○○さんへ」と学級の子の名前を１つずつ書き込ませ，「△△より」と自分の名前もすべてに書かせます。名前を書いたら，「たくさん手があがってすてきだね」といった賛辞や，「床に鉛筆を落としたとき拾ってくれてありがとう」といった感謝の言葉を一言ずつ書いていきます（自分に対しても書きます）。ここまでで１時間目は終了です。

次の時間は，前時に書いた枠を一つひとつ切り取って，人ごとに台紙に貼っていきます。自分に対する賛辞や感謝の言葉が，学級全員から寄せられるということです。終わったら回収し，個人懇談のとき保護者に渡します。我が子に対する温かい言葉を読み，保護者の方も安心します。　（小林　康宏）

ポイント！

●日ごろから賛辞や感謝の言葉を伝え合える学級の雰囲気をつくるべし！

書く時間は，お互いを思い合う温かな空気が教室に満ちていきます

賛辞と感謝の言葉が詰まった仲間からの贈り物は，一生の宝になります

「○○っぽい日記」に挑戦しよう！

時間　30分程度

日記

活動のねらい

「昔話っぽい」「推理小説っぽい」「『大造じいさんとがん』っぽい」…と設定を変えて日記を書き，表現を工夫しながら文章を書くことを楽しむ。

活動の概要

日記は，どの学年でも取り組ませやすい活動です。しかし，取り組みやすいが故に，子どもたちが「また日記か…」とうんざりモードに陥りがちなことも確かです。そこで，「○○っぽい日記を書こう」と変化をつけ，活動に対する新鮮さ，楽しさをつけ加えて，子どもの書く意欲を引き出します。

はじめて取り組むときは，「昔話っぽい」「推理小説っぽい」日記にするには，どのような言葉遣いや言い回しにすればよいかを学級全体で考えます。いくつかのパターンを学習すると，自分の好きな表現（小説やマンガ，テレビ番組の特徴的な表現の仕方）を真似して「○○っぽい日記」に挑戦する子が出てきます。そんな挑戦を大いに称賛し，学級内に広げていきます。

また，「『大造じいさんとがん』っぽい」のように，教科書で学習した教材文を真似て書かせると，教材文の表現の特徴により注意深く目を向ける機会になり，「読むこと」の学習とつながった，より多面的な学びになります。

（井上　幸信）

ポイント！

●はじめに学級全体で書き方を共有するべし！

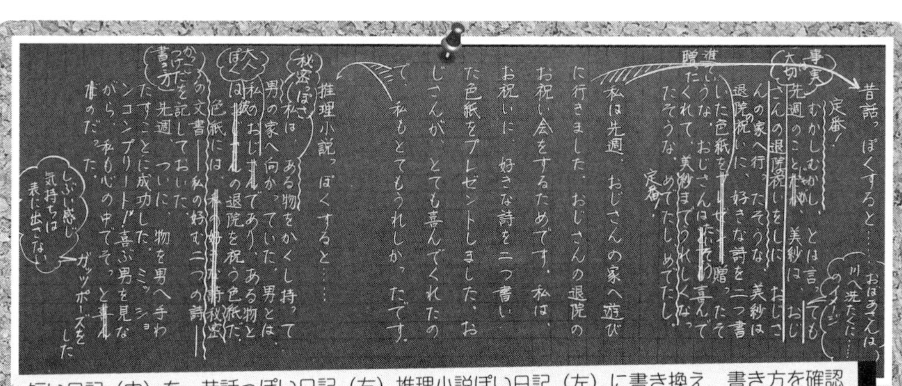

短い日記（中）を，昔話っぽい日記（右）推理小説ぽい日記（左）に書き換え，書き方を確認

五月七日
「世界一美しいぼくの村」っぽい日記
新潟県の真ん中よりちょっと北の方に、加茂市という市があります。めったに大きなイベントがないので、観光客が少ない市のように思われています。でも、春には雪椿まつりがあり、子どもの日には加茂川にたくさんのこいのぼりが泳いで、お客さんもいっぱい来る市です。
　五年生の男の子〇〇の住む家でも、毎年、家族そろって、こいのぼりを見に出かけます。ゴールデンウィーク中で楽しいときです。
「今年も冷やしきゅうりはあるかなあ。」
〇〇は、加茂川で売っている冷やしきゅうりが大好きです。
でも、今年のゴールデンウィーク、冷やしきゅうりは食べれません。出かけるのが遅くなって、売り切れてしまったのです。加茂川では、あまり

『世界一美しいぼくの村』っぽい日記。表現の模倣が見えます

生き物の気持ちになってみよう！

創作

活動のねらい

教室で飼っている生き物の気持ちになって作品をつくることによって，書く力とともに，生き物に対する愛情を高める。

活動の概要

教室で飼っている生き物はいますか？　おそらく多くの教室で，愛情を込めて育てている生き物がいると思います。しかし，高学年になり，世話をする子が限られたり，あまり関心をもたれていなかったりすることはないでしょうか。この活動は，書く能力を高める機会の１つであるとともに，教室の生き物にクローズアップし，愛情をもって育てていたころの気持ちを取り戻させるための取り組みでもあります。

活動の内容は，その生き物の気持ちになって作品をつくるというものです。詩・エッセイ・短歌・俳句・説明文・物語文・日記など，「自分がその生き物の気持ちを表現するには，この形式が一番だ」という形式を選びます。

完成した作品は，日替わりで生き物のそばに掲示していきます。すると，休み時間やすきま時間など，これまであまり見られなかった人だかりが生き物のまわりに現れます。その人だかりは，そのまま生き物への関心につながっていきます。

（大江　雅之）

ポイント！

- １日１作品を掲示し，学級全員分が終わるまで継続するべし！

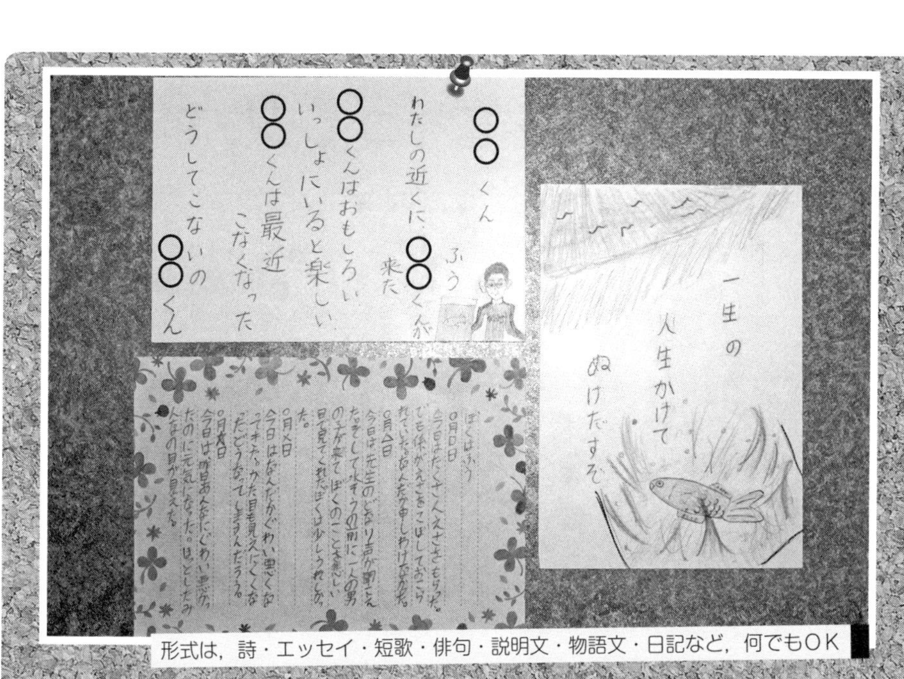

形式は，詩・エッセイ・短歌・俳句・説明文・物語文・日記など，何でもOK

完成した作品は，日替わりで生き物のそばに掲示します

オリジナルの名言をつくろう！

時間　20分程度

ジャンル  創作

活動のねらい

名言をつくることを通して，言葉の力に興味をもち，自分から日常生活の中にある様々な言葉に目を向けられるようになる。

活動の概要

言葉には不思議な力があります。落ち込んでいる子を，たった１つの言葉で元気にしたり，笑顔にしたりすることができます。そのような素敵な言葉に興味をもち，自分から獲得する子を育てるために，「名言をつくる」活動が有効です。次のような手順で進めます。

❶「楽しいから笑うのではない。笑うから楽しいのだ」と黒板に書き，この名言の感想を交流する。

❷この名言にはなぜ説得力があるのかを考える。

・１文目と２文目で，「笑う」と「楽しい」が逆になっている。

・「ではない」や「のだ」と言い切りの形になっている。

・当たり前のことを否定することで，読み手をひきつけている。

❸「（　A　）だから（　B　）ではない。（　B　）だから（　A　）なのだ」の形式を使って，オリジナルの名言をつくり，交流する。

❹日常生活の中にある様々な名言を見つけ，交流する。　（河合　啓志）

ポイント！

●名言になぜ説得力があるのか，論理的に考えさせるべし！

かしこいから発表するのではない。
発表するからかしこいのだ。

親友だからわかり合えるのではない。
わかり合えるから親友なのだ。

友だちだから優しくするのではない。
優しくするから友だちなのだ。

発明したから必要なのではない。
必要だから発明したのだ。

強いから練習するのではない。
練習するから強いのだ。

子どもがつくった名言からは，その子の心の中や日常を垣間見ることができます

他の人と同じではだめ、常に自分だけのアイディアを持て。
さんのおじいちゃん

あきらめたらそこで試合終了ですよ。
スラムダンク
安西先生

子どもたちが見つけた日常生活の中にある名言

「つみあげうた」をつくろう！

20分程度

ジャンル

創作

活動のねらい

自由な発想や連想を楽しみながら，言葉のイメージを広げたり，言葉のおもしろさに気づいたりすることができるようになる。

活動の概要

言葉のイメージを広げたり，言葉のおもしろさに気づかせたりするために「つみあげうた」をつくる活動です。つみあげうたとは，文章に後から文をどんどんと継ぎ足していく，連想ゲームのような言葉遊びです。

やり方は簡単で，まず「これはわたしの学校です」のように，最初の１文を決めます。その後に１文ずつつないでいきます。つみあげうたは，一人ひとりで取り組むことも，グループで取り組むこともできます。

❶10行のつみあげうたをつくろう（１人）

１文目だけ学級全員共通の文として，２～10文目は各自で考える。

❷班で２周してつみあげうたをつくろう（グループ）

グループ内で１人１文ずつ書き，２巡する。

❶ではでき上がったつみあげうたに一人ひとりの個性が表れ，❷では自分では思いつかないような友だちの表現に触れ，楽しむことができます。

（流田　賢一）

ポイント！

●一つひとつを単純な文にするよう声かけするべし！

ノートを回しながら，グループでつみあげうたを考えている様子

つみあげうた

これはぼくの学校

これはぼくの学校で
見つけたてんとう虫

これはぼくの学校で
見つけたてんとう虫が
とまっていた花

これはぼくの学校で
見つけたてんとう虫が
とまっていた花を
植えた先生

子どもが考えたつみあげうた

自分の心情を工夫して伝えよう！

時間 20分程度

ジャンル 作文

活動のねらい

様々な表現に触れることで，自分の心情が読み手に伝わるように，工夫して文章を書けるようになる。

活動の概要

文章を書くときは，自分の思いや考えが読み手にしっかり伝わるように，表現を工夫させたいものです。そこで，次のような手順で様々な状況を想像させながら，表現を工夫して書く活動を行います。

❶「うれしい」「悲しい」「怒り」「楽しい」などの言葉を，違う表現で書くことができないか，物語から探す。（例　悲しい→涙がこぼれた）

❷状況と気持ちを簡単に表した例文を配付し，そこに書かれた心情が伝わるように表現を工夫して書く。

❸３～４人グループになり，書いたものを交流し，工夫された表現に線を引いたり，コメントを伝え合ったりする。

５年生ともなれば，読むことの活動で心情描写や情景描写にもたくさん触れてきています。「うれしかったです」という言葉の他にも表現を工夫することで，読み手に，よりわかりやすく伝わることを実感させたいところです。特に，情景描写があった場合は大いに称賛しましょう。　（手島　知美）

ポイント！

●様々な表現に触れさせ，それを活用する力をつけさせるべし！

書いたものを３～４人グループで交流し，線を引いたり，コメントを伝え合ったりします

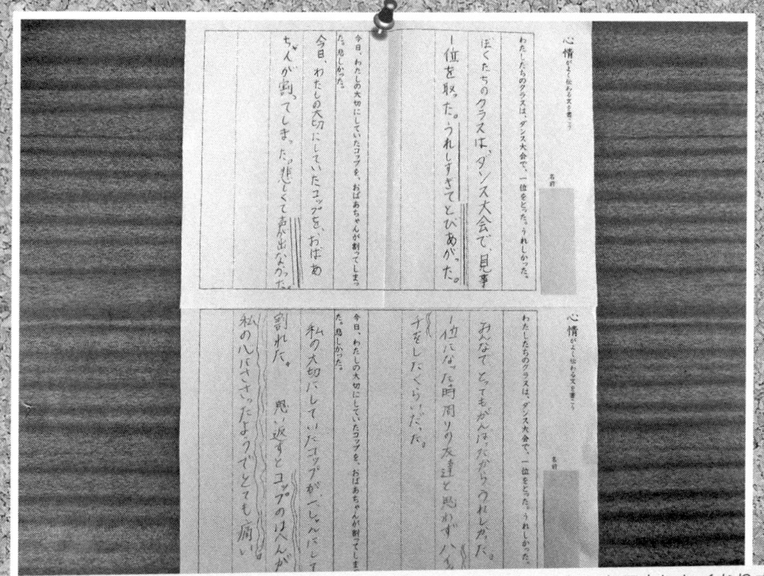

友だちの表現と同じだったり，秀逸な表現を見つけたりすると，もっと工夫したくなります

資料マスターになろう！

活動のねらい

グラフや図表・写真などの資料の読み取りについて，説明文の形式でまとめることで，説明する力や文章を構成する力を高める。

活動の概要

５年の社会の学習内容は，農業・水産業・工業・運輸・情報など，我が国の産業について広く展開されています。豊富なグラフや図表・写真などの資料を基に，各産業の現状や課題に触れ，従事する人々の工夫という共通項でまとめられています。学力定着のためには，資料の適切な読み取りが必要になってきます。その読み取りに，説明文の手法を用いる活動です。

右ページ下の写真のように，上段に資料スペース，下段に三部構成の枠を設けたワークシートを準備します。出題頻度の高い資料や単元の中で自分が気になった資料を選択させます。学級全員に同じ資料で取り組ませてもよいでしょう。資料を読み取り，その内容を説明文で表現させます。「全体をとらえる→部分をとらえる→問い→事例→答え→主張」という構成です。

社会の面では，グラフや図表を読み取る力や資料活用能力の高まりが期待できます。国語の面では，資料を根拠にした説明する力や文章を構成する力の向上につながります。

（大江　雅之）

ポイント！

●「その資料のことは自分が一番わかっている」という意識をもたせるべし！

説明する資料を選択させます。同じ資料を一斉に扱うのもよいでしょう

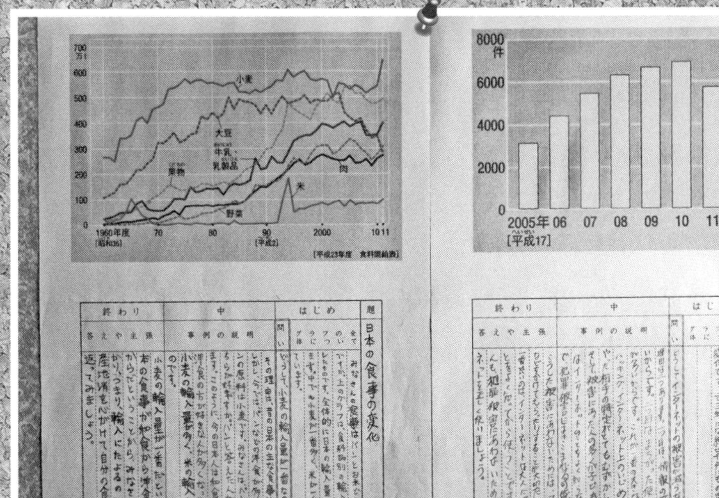

書き方が身についてくると，作文にも生きてきます

切り取って伝えよう，この瞬間！

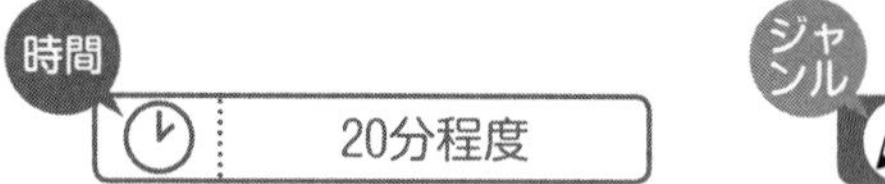

活動のねらい

写真から想像したことを，読み手が興味をもって読めるように，工夫して見出しや文章を書く。

活動の概要

書くことが楽しいと思える。読み手を意識し，工夫して書くことできる。この2点は，書く活動を行っていくうえで非常に大切なことです。

そこで，写真から得た情報を頼りに，読み手が興味をもって読めるように工夫して書く活動を行います。

❶様々な場面の写真を配る（できるだけ多くの種類を用意する）。

❷「自分が取材をして，その写真を撮ってきたかのように，記事を書こう」と伝え，想像を膨らませ，工夫して書かせる。

❸3～4人グループになり，書いたものを交流し，よい点やおもしろい表現などを伝え合う。

写真は，多くの情報を受け取ることができ，人によって注目する点も違うので，同じ写真でも人によって表現が違ってくるところがこの活動のおもしろい点です。同じ写真で書いた友だちと交流したうえで，違う写真で交流すると，様々な表現に触れることもでき，盛り上がります。（手島　知美）

ポイント！

●取材した人になりきり，楽しく書かせるべし！

おもしろい表現を見つけると，友だちに伝えたくなります

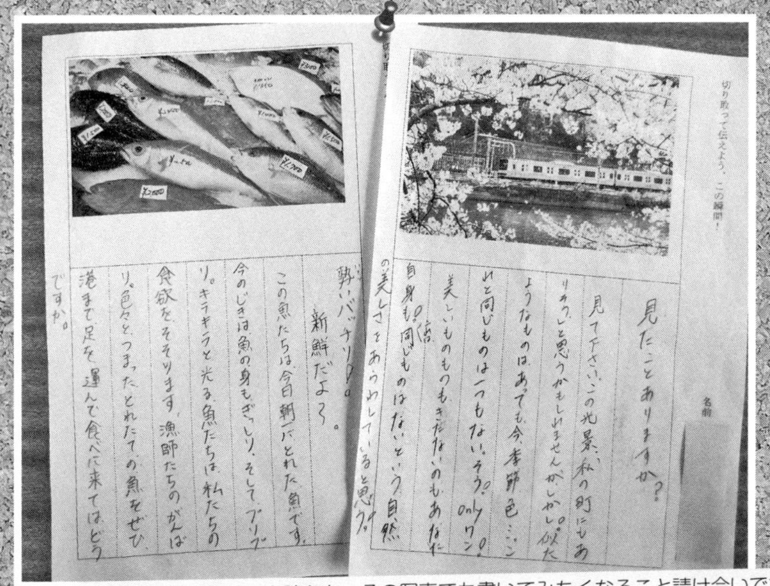

友だちが書いたものを読むと，その写真でも書いてみたくなること請け合いです

「けれども」でズバッと要約しよう！

活動のねらい

接続詞「けれども」を用いて，物語，伝記，漫画や映画のストーリーなどを，短く要約するコツを身につける。

活動の概要

５年生でも，「○○って要するにどんな話だった？」と聞くと，「大造じいさんが残雪と戦う話」などと中心人物の主な行動や，印象に残った細部を取り上げるだけにとどまることが少なくありません。

そこで，接続詞「けれども」を用いて，全体の変容を対比的に伝える活動を行います。教科書の既習教材で例示したうえで，物語，伝記，漫画や映画のストーリーなど，あらゆるジャンルで気軽に取り組ませ，変容を対比的に要約するコツを身につけさせていきます。

右ページのように，枠が上下に分かれ，「けれども」と書かれた矢印でつながれたワークシートを使いますが，下段（結末）を埋めたうえで，上段（前提）を短くまとめていくのがポイントです。

物語系の読みに限らず，物語創作の構想，説明文の読み，体験したこと，学んだこと…など，あらゆるジャンルに対応できます。繰り返し行うことで，要約のコツを習得させましょう。（山本　真司）

ポイント！

●まずは変容のわかりやすい作品から取り組ませるべし！

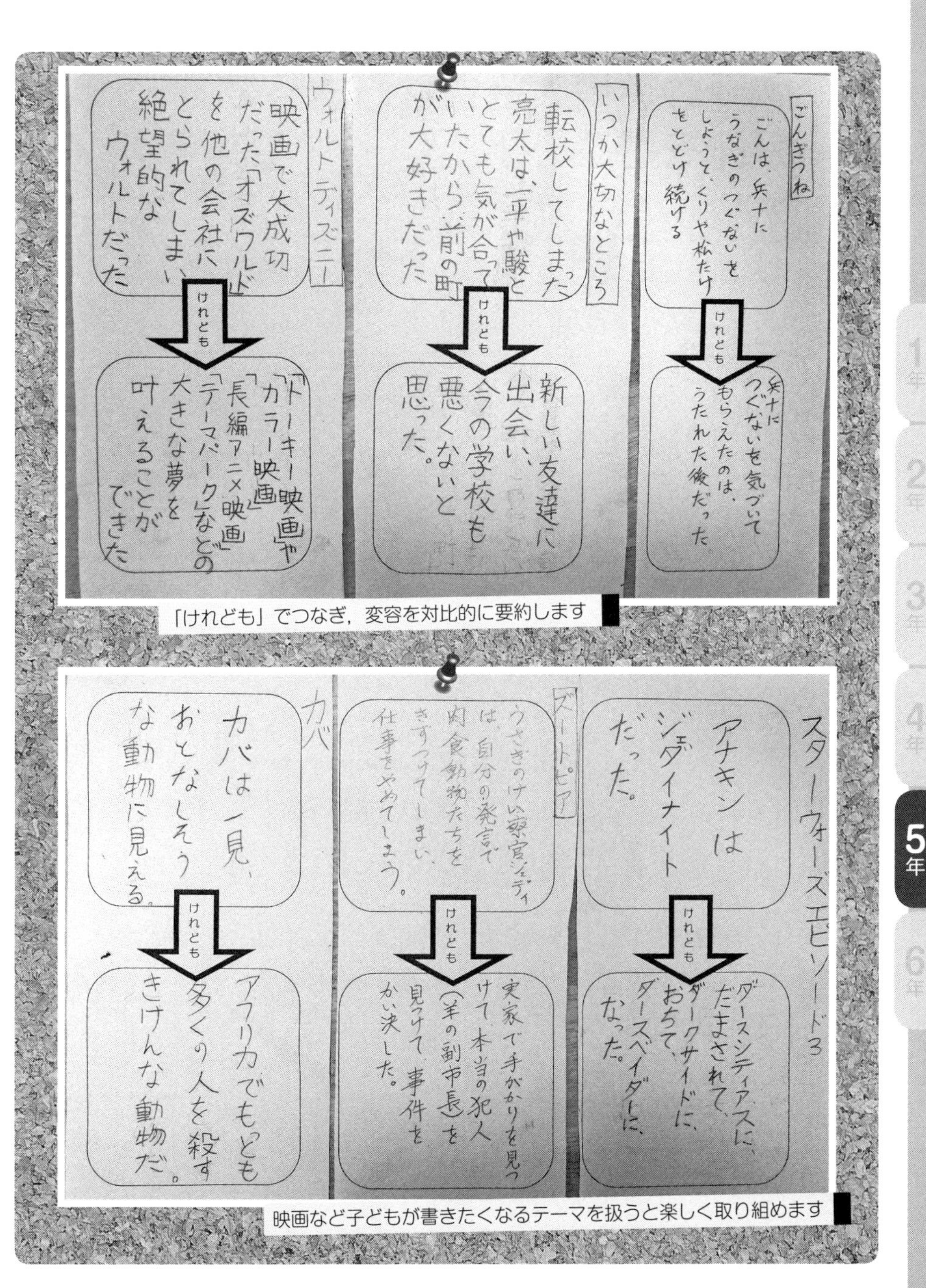

「けれども」でつなぎ，変容を対比的に要約します

映画など子どもが書きたくなるテーマを扱うと楽しく取り組めます

1年 2年 3年 4年 5年 6年

物語の登場人物になりきって日記を書こう！

時間　10分程度

ジャンル  物語文

活動のねらい

物語の中心人物になりきって日記を書くことで，作品中の言葉により注意深く着目して読むことができるようになる。

活動の概要

物語の学習では，登場人物の心情を読み取ることがよくあります。しかし，読み取った心情を豊かに表現することは難しいものです。そこで，「登場人物の日記」という形で，中心人物の心情を表現させます。

「登場人物の日記」とは，登場人物になりきって日記を書く活動です。一人称で書くことで，書くうちに登場人物の様々な心情が，具体的な言葉で表現されます。人物になりきり，見えたこと，聞こえたこと，感じたことを書きます。日記を書くために本文を読み返すと，はじめは気にとめていなかった重要な言葉に気づいたりすることがあります。

まず，日記を書く場面を決めます。例えば，『大造じいさんとガン』では，３場面と４場面の間など，時間が大きく過ぎる場面で書くと，より深い読みになります。『わらぐつの中の神様』では，「おみつさんが大工さんにプロポーズされた日の夜のおみつさんの日記」など具体的に場面を指示します。

書いた日記を交流すると，授業のまとめにも活用できます。（河合　啓志）

ポイント！

●登場人物との同化体験から読みを深めさせるべし！

大造じいさん日記
あああああ、また残雪のヤツラ
ににげられてしまった…。完ペキ
だと思ったのに、せっかく夏のう
ちから集めておいたタニシが全部
パーだ!!集めるのにどれだけくろ
うしたと思ってるんだ…。くそう
!!残雪め!!おぼえてろよ…。来年
来年こそ!!

まとめ
大造じいさん日記
おれは、今、とてもにやにやし
ているだろう。なぜなら、明日、
あの残雪をつかまえられるのだ。
いつもは失敗していたが、今回は
ちがう。今回は全体に失敗しな
自信がある。だから、明日に
えてねないといけなりのだが、
れないのだ。このまま起きて
うかな…。

よくよめている!

『大造じいさんとガン』の日記

③ねこ日記
白ねこが死んで、ずいぶんと泣い
たなあ。まあ、これがりっぱなん
だから。だけど、さいごの人生で、
もう生きかえらない、さいごの人
生が、一番すばらしかった。とて
も、とてもとてもあいたかった白
ねこと、また空の上であえたのは、
うれしい。おれの、いつまでもこ
の幸せがつづきますようにってい
う願いは、かなったんじゃないか
な。

③ねこ日記
もう、子ねこたちもそれぞれ立ぱ
なのらねこになって、どこかへい
ったし、おれはもう、幸せでいっ
ぱいだ。そばにはいつも、白いね
こがいるし、いままでおれにとっ
って、一番いい人生だなあ。いつ
までも、ほんとにいつまでも、白
いねこといっしょにこの世で生き
ていたいなあ。ずっとずっと、こ
んなに幸せな気持ちがつづいたら、
とってもうれしいなあ。この気持ち
がいつまでも続きますように。

『100万回生きたねこ』の日記

自分たちの文章のよい部分を伝え合おう！

15分程度

評価

活動のねらい

自分たちが書いた文章を読み合い，よい部分を伝え合うことで，書くことへの意欲を高め，よい書き方や新しい書き方を習得する。

活動の概要

自分の文章に自信がもてる。そして，次も文章が書きたい。このような気持ちをもたせることが，書く力をつけさせるうえでとても大切です。

そこで，授業のまとめで書いた文章を読み合い，よい部分を見つけて記入することで，よりよい書き方や書き方の工夫に触れ，書く力と意欲を高めていく活動を行います。

各自が授業のまとめ（あらすじや紹介文）を書いたプリントを，５人程度のグループで時計回りに渡していき，友だちの文章でよい部分を見つけて書いてあげます。グループ内を一周して自分のプリントが手元に戻ると，自分の文章にたくさんよい部分があることがわかります。

このように，学級全員が自分の書いた文章を複数の友だちに認めてもらうことができ，友だちのよい書き方をすぐに取り入れられるのが，この活動のよいところです。

（手島隆一郎）

ポイント！

●様々な書き方の工夫を身につけさせるため，日常的に取り組ませるべし！

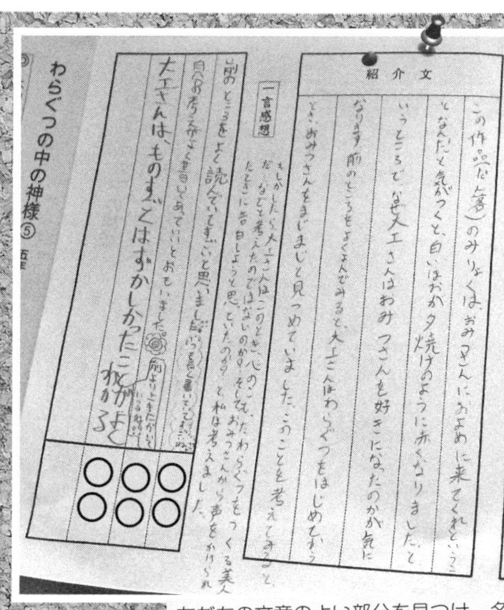

友だちの文章のよい部分を見つけ，名前とともにプリントに記入します

「友だちはどんなことを書いてくれたかな？」戻ってきたプリントを真剣に読みます

「創作四字熟語」で自分の目標を書こう！

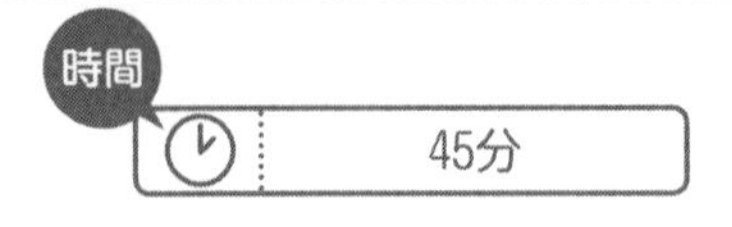

活動のねらい

自分の目標を創作の四字熟語にして表すことにより，四字熟語のイメージを楽しみながらつかんだり，語彙を増やしたりする。

活動の概要

高学年になると，熟語の学習がありますが，教科書の内容をなぞるだけの授業になってしまいがちです。子どもたちから，「言葉っておもしろい」という気持ちを引き出したいところです。

この「創作四字熟語」は，子どもたちの創作意欲を引き出し，言葉の感覚を磨くことにうってつけの活動です。特に学期の始めや行事前などに目標や決意を書かせたいときに取り組んでみるとよいでしょう。

まず，目標や決意，がんばりたいことなどを言葉や短めの文で書かせます（数多く書かせるようにします）。ペアやグループなどで話し合いながら行うのも効果的です。

次に，その言葉や短文で使った漢字を組み合わせて４文字の熟語にします。オリジナルの作品にすることが大切です。国語辞典を併用させましょう。

そして，四字熟語にもっともらしい意味を加えます。完成した作品を掲示したり，学級通信に載せたりすると，子どもたちも喜びます。（弥延　浩史）

ポイント！

●作品の良し悪しより，その子の喜びや決意を大切にすべし！

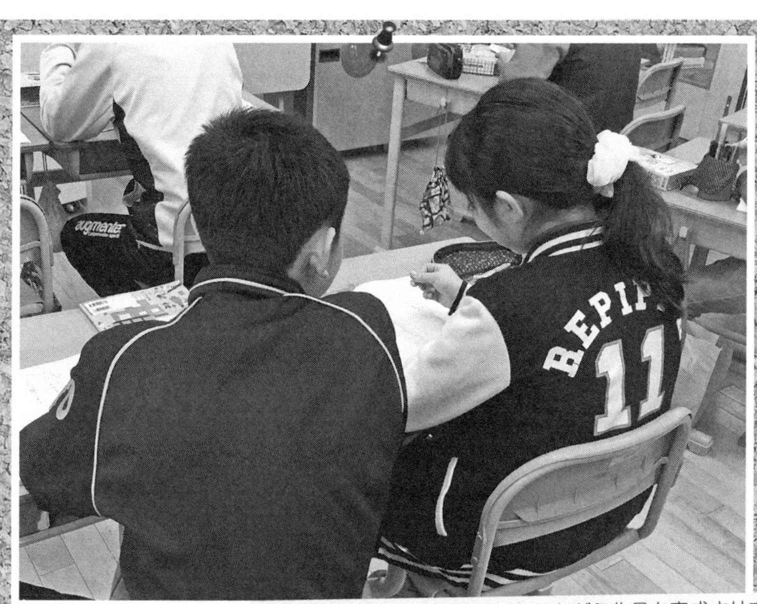

国語辞典を使ったり交流したりしながら作品を完成させます

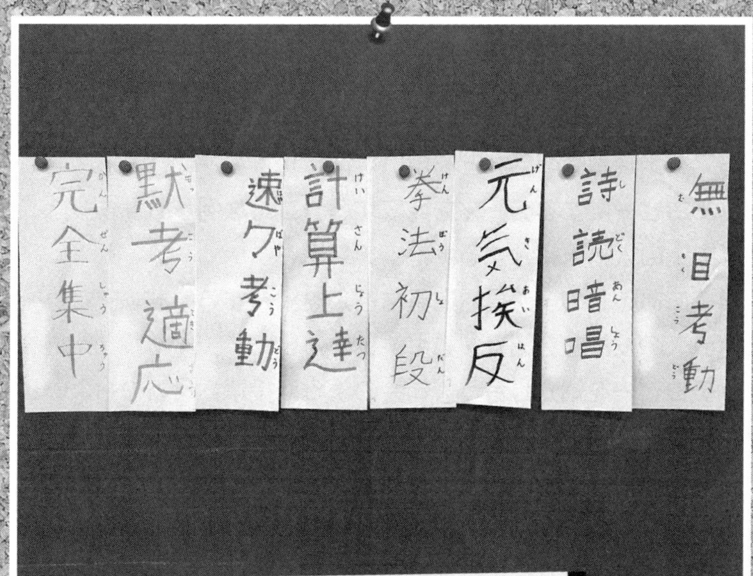

裏には意味を書かせ，それをみんなの前で話す活動も設定します

キャッチコピーをつくろう！

活動のねらい

様々なテーマに対して，言葉を吟味，選択しながら自分なりのキャッチコピーを考えることができるようになる。

活動の概要

キャッチコピーには，それを聞いたり読んだりしただけで人をひきつける大きな魅力があります。自分が最も伝えたいことをいかにしてキャッチコピーにするかを考えたり，実際につくってみたりすることで，効果的な表現の仕方を学ぶことができます。

❶キャッチコピー（キャッチフレーズ）クイズをする（子どもたちになじみのあるアニメ映画や商品などを用いて行う）。

❷キャッチコピーにするテーマを発表する。こんな例があります。

例　歴史上の人物を紹介するキャッチコピー
　　学校にあるもの（遊具や道具など）を紹介するキャッチコピー
　　クラスの友だちを紹介するキャッチコピー

❸キャッチコピーを紹介し合う（句会のように投票させるのもよいし，何のキャッチコピーかクイズ形式にしてもよい）。

（弥延　浩史）

ポイント！

●長くならないようにすることを意識させるべし！

●なぜそういうキャッチコピーにしたのか理由づけを大事にするべし！

作品は互いに交流することでよさを共有することができます

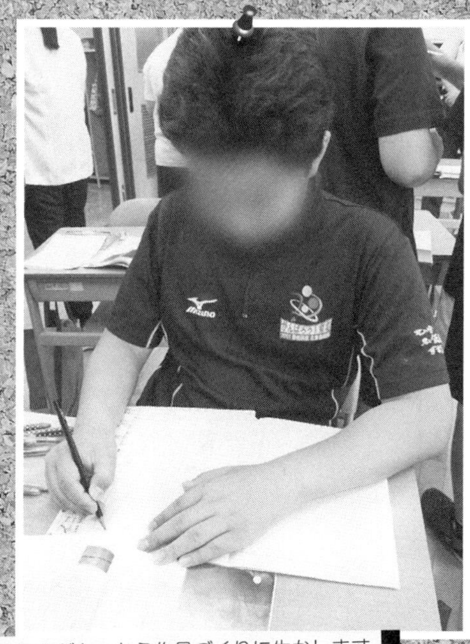

交流し，よいものがあったら作品づくりに生かします

文章を引用して推薦文を書こう！

時間 45分

ジャンル 作文

活動のねらい

自分の考えに説得力をもたせる資料を引用して，推薦文を書くことができるようになる。

活動の概要

推薦文を書く活動を行うことはよくあります。しかし，読んでいて説得力があるように感じる推薦文に出会うことは多くありません。

そこでまず，「新聞からの引用があるモデル」と「新聞からの引用がないモデル」を比較することで，「引用」の必要性について考えていきます。引用があるモデルは，主張の説得力が増しますが，引用がないモデルは書き手の主観的な文章なので，説得力がやや乏しくなります。

そして，自分の主張に説得力をもたせるための文章を新聞・インターネットから引用し，実際に推薦文を書かせます。「元の文を正確にそのまま使う」「引用した箇所や出典をはっきり示す」「引用の前後に自分の意見を述べる」など，引用の仕方もあわせて指導します。

繰り返し行っていくと，日常の作文の書き振りにも生きてくること間違いなしです。

（長屋　樹廣）

ポイント！

●実際に書かせる前に，引用のあるなしで分かれたモデルを示すべし！

モデルを比較することで，「引用」の必要性について考えさせていきます

発達されたガン治りょう

六年二組

みなさん、病気になっている人はいませんか?みなさんだったらガンにかかってしまったら、まずは病院に行ってお医者さんに治りょうしてもらいませんか?でも、今では動物達の力をかりた医学が発達しています。

例えば、九月八日付の『北海道新聞』には、ウミホタルの光でガンを早期発見で『産業技術総合研究所は七日、ウミホタルの発光反応を利用して抗体と組み合わせた近赤外線発光タンパク質を作り出し、ガン細胞の位置を特定する技術を発表した。産総研北海道センターの近江谷克裕主幹研究員と北大大学医学研究所の尾崎倫孝教授らによる共同研究の成果で七日の全米化学アカデミー紀要に掲載されたと述べています。その実力は、

「どんな種類のガンでも微小な段階で位置を特定することができる。ガンが大きくなった

20×10

書き方が身についてくると，日常の作文にも生かすことができます

感情を示す言葉で始まる短歌をつくろう！

時間 45分

活動のねらい

様々な感情が生まれる場面を短歌で表現することにより，日常に目を向けながら，表現力を高める。

活動の概要

教科書に，「たのしみは」から始まる短歌づくりの単元があります。生活の中のふとした場面から，楽しい感情が生まれる様子をいきいきと表現することができ，子どもたちも意欲的に取り組みます。その短歌づくりを，他の感情でもやってみようという活動です。

まず，「たのしみは」のようなリズムのよい五音で表すことのできる感情を示す言葉を出させます。例えば，「かなしみは」「うれしさは」「せつなさは」「ときめきは」「くやしさは」…などです。

出た言葉から，自分がつくってみたいものを選ばせます。どのような時や場でそのような感情になるのか考え，短歌で表現させます。完成したら，全体で鑑賞（発表）し合います。共感できる作品には，自然と聞き手から好反応が生まれます。鑑賞後の作品は掲示したり，学級通信で紹介したりします。

感情を示し，その感情の根拠を内容にした短歌づくりは，ささやかな日常に目を向ける大切な機会となります。

（大江　雅之）

ポイント！

●聞き手の反応を大切にし，日常の大切さに目を向けさせるべし！

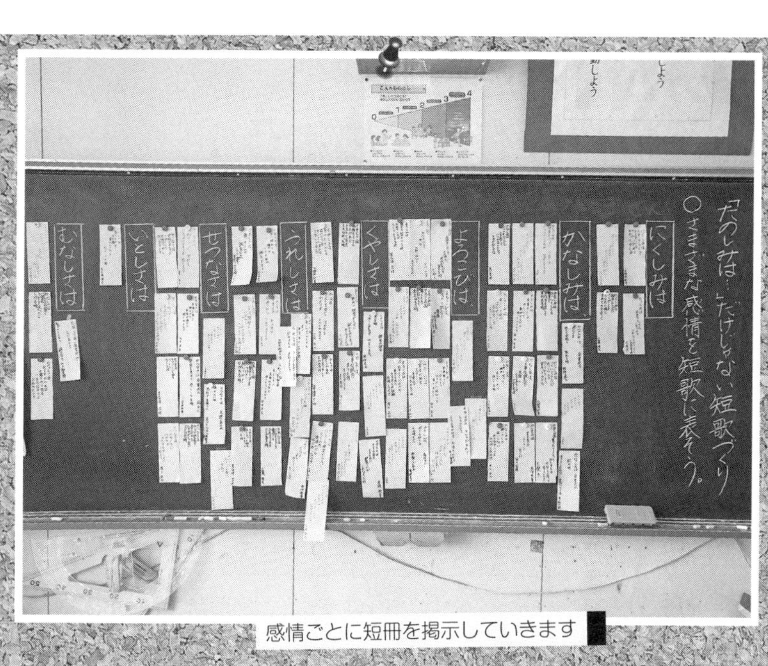

感情ごとに短冊を掲示していきます

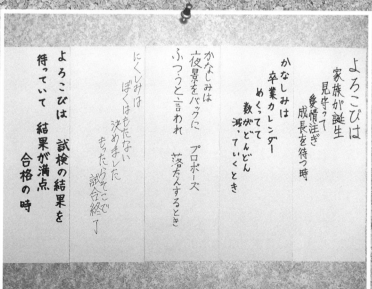

ささやかな日常に目を向ける大切な機会になります

自分が読み取った作品の世界をまとめよう！

授業の中で随時

ジャンル

物語文

活動のねらい

設定したテーマに基づいて，場面同士のつながりや人物同士の関係を中心に作品の世界をまとめることができるようになる。

活動の概要

物語の学習において，「その物語から何を受け取ったか」をまとめるというのは，重要な学びの１つです。６年では，年間で３本程度の文学作品を扱いますが，そのうち１つの教材を選び，「作品の世界を読む」ということに特化する単元を計画することで，一人ひとりに確かな読みの力を身につけさせることができます。

ノートの代わりに，画用紙などの大きな紙に，その時間に学習したことをまとめさせます。その物語を貫く大きなテーマとなる言葉を中心に書きます。

毎時間少しずつ，場面と場面のつながりや，人物同士の関係などを中心に読み取ったことや，伝え合ったことなどを書いていきます。

まとめたものを交流して紹介し合ったり，教室に掲示したりします。画用紙はノートに貼れないので，縮小コピーしたものもあげるとよいでしょう。

一人ひとりが受け取ったことが，作品に表れます。そして，それは主題にも通じていることが見えてくるはずです。　（弥延　浩史）

ポイント！

●毎時間読みの交流と個のまとめを重視しながら進めるべし！

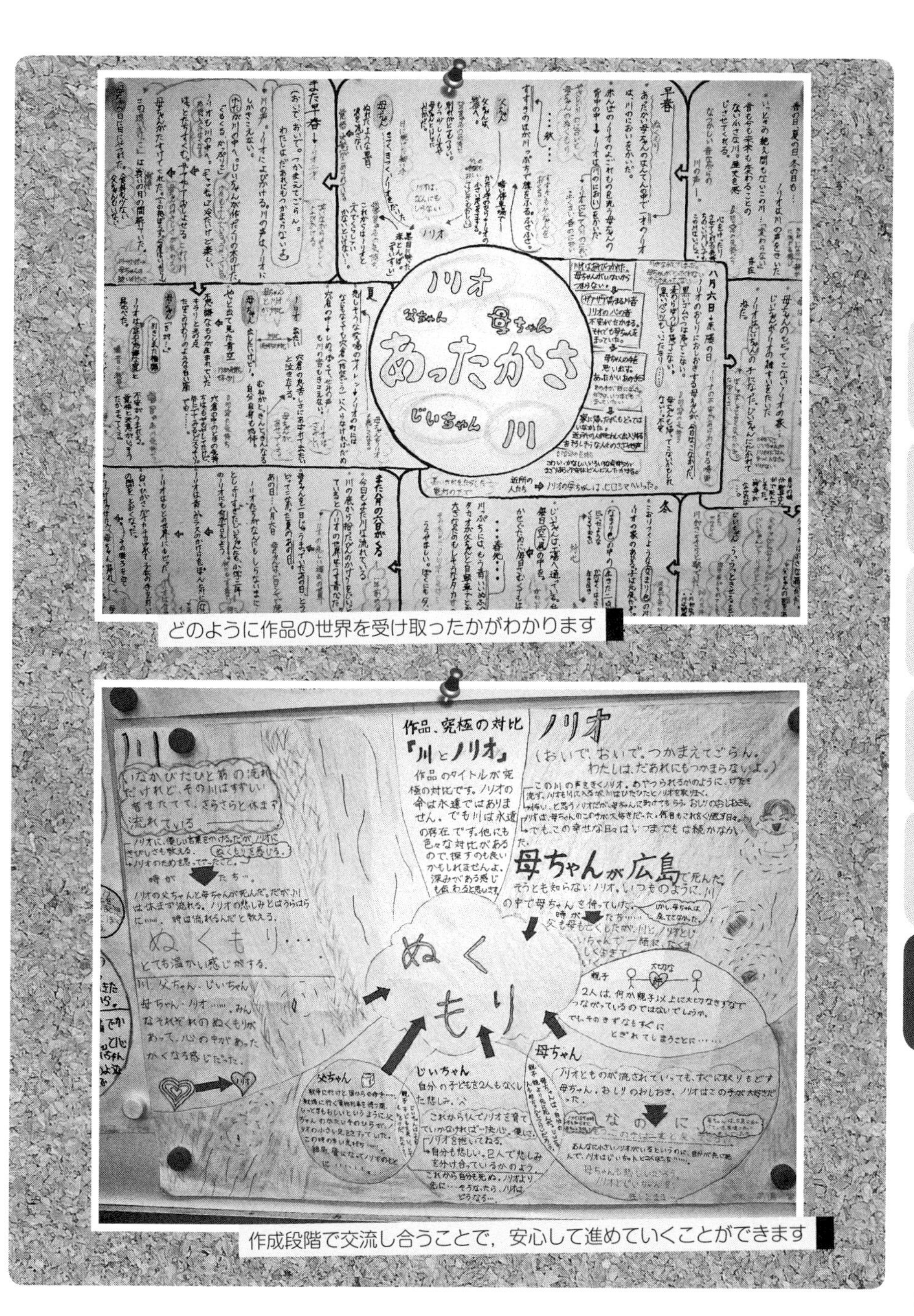

どのように作品の世界を受け取ったかがわかります

作成段階で交流し合うことで，安心して進めていくことができます

「物語五七五」で 自分の読みを表現しよう！

時間　30分程度

ジャンル  物語文

活動のねらい

物語の自分の読みを俳句・短歌で表現することを通して，より言葉にこだわって物語を読むことができるようになる。

活動の概要

物語の中で一番心に残った場面の自分の読みを，俳句や短歌で表現します。17音や31音という限られた中で表現するために，言葉を精査します。その中で，一つひとつの言葉にこだわる態度を育てていきます。

まず，自分が一番心に残った場面を見つけます（例『海の命』の１場面）。

その場面の中で特に心に残った言葉に赤線を引きます。１つだけでなく，たくさんの言葉に線を引くと，俳句がより豊かになります（例　父，じまんすることなく，子どものころから）。

赤線を引いた言葉を使って俳句や短歌をつくります。行を入れ替えたり，違う言葉に言い換えたりすることで，よりよい作品に仕上げます（例　夢をみた じまんをしない 父の背に そんなお父が ぼくのじまんだ）。

つくった短歌や俳句を画用紙に書き，絵をかきます。でき上がった作品を教室に掲示すれば，お互いの読みのズレや共通点を見つけることができます。

（河合　啓志）

ポイント！

●絵を添えて作品を仕上げ，教室に掲示するべし！

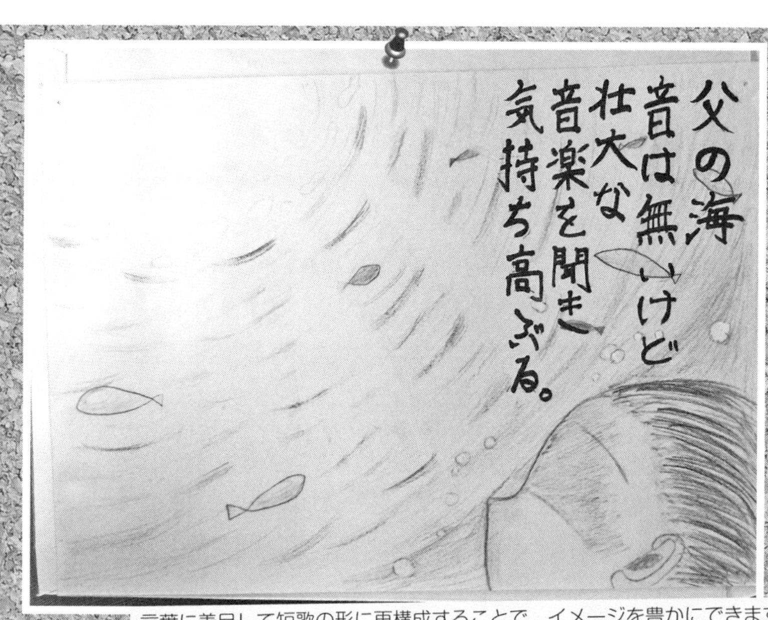

言葉に着目して短歌の形に再構成することで，イメージを豊かにできます

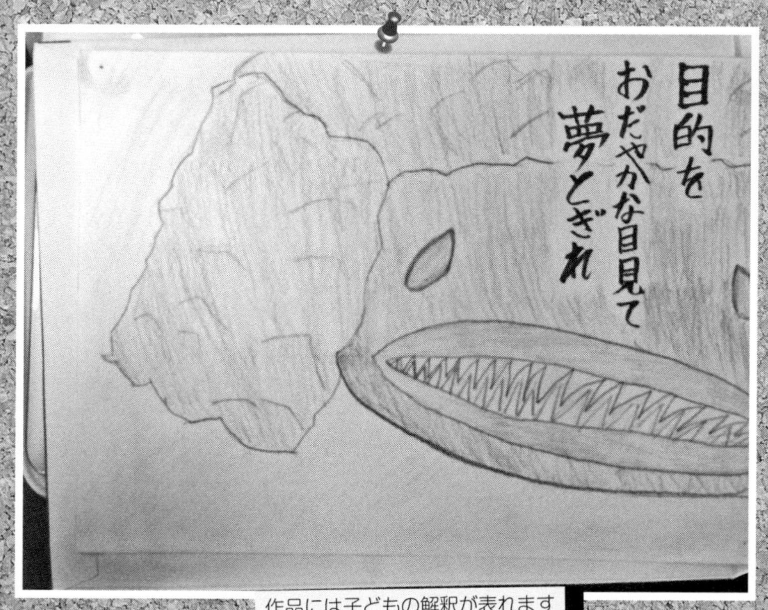

作品には子どもの解釈が表れます

「でたらめデータ」で「でたらめ意見文」を書こう！

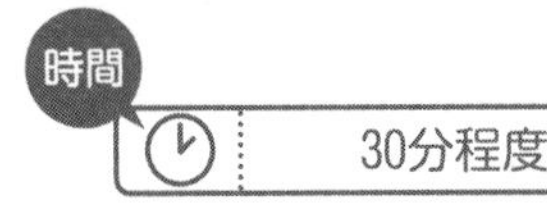

活動のねらい

具体的には何を示しているのかわからないデータを意味づけし，意見文を書くことを通して，自分なりの論理をつくり出すことに慣れる。

活動の概要

図表など「非連続型テキスト」を用いて意見文を書く単元が一般化してきました。しかし，そのような単元では調査活動が必要だったり，データの意味をきちんと読み取ることから始めたりしなければならないことが多く，決して手軽に取り組める言語活動になっているとは言えません。特に，図表を読んだり，意味づけをしたりすることが苦手な子どもたちは，書く活動にたどり着くまでに疲れてしまいます。

この活動で用いる非連続型テキストは，見た目は普通の図表，グラフですが，何についてのデータか，数値はどのくらいなのか，などの情報を読み取るための観点がまったく示されていない「でたらめデータ」です。ですから，それらを何についてのデータとし，どう意味づけるかはすべて子どもに委ねられます。データに対して妥当な意味づけをする必要がない分，ハードルは下がり，楽しく「でたらめ意見文」を書くことができます。そして，資料を基に自分の考えたことを書き表すことに慣れていきます。　（井上　幸信）

ポイント！

●資料をいかにおもしろく「でたらめデータ」化するかを楽しませるべし！

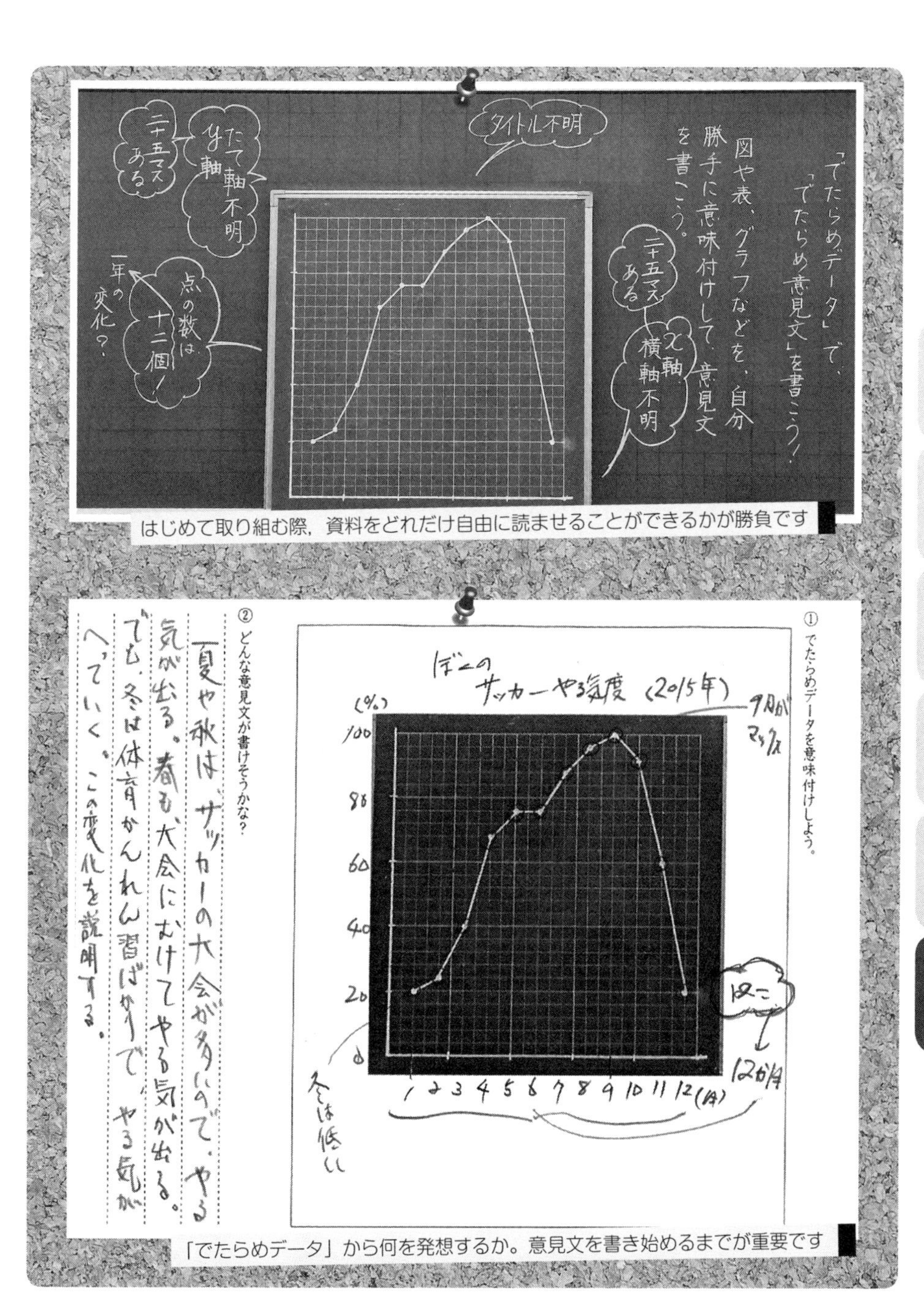

はじめて取り組む際，資料をどれだけ自由に読ませることができるかが勝負です

「でたらめデータ」から何を発想するか。意見文を書き始めるまでが重要です

「カウントダウン・カレンダー」をつくろう！

時間　45分

ジャンル　創作

活動のねらい

「学級の仲間にメッセージを送る」という趣旨に合った文章を書くことができるようになる。

活動の概要

３学期は，６年生の子どもたちにとって大切な時期です。学習のまとめだけでなく，委員会の引き継ぎ，卒業プロジェクト，６年生を送る会…など，卒業に向けた様々な活動があります。したがって，この時期は，「いかに計画的に過ごすか」という意識をしっかりもたせたいものです。

そこで「卒業まであと○日」と残りの登校日を示した「カウントダウン・カレンダー」をつくります。

カレンダーには，残りの日数だけでなく，学級の仲間へのメッセージも加えます。まず３学期の50日余りの学校行事や学年の予定を知らせます。次に，だれが何日目を担当するかを決めます。そして，数字をデコレーションするとともに，メッセージ文を考えます。メッセージ文は３文程度にまとめます。また，例文を見せながら「その日に合った内容にしよう」と指示します。さらに，３文のうちの１文には，「…しましょう」や「～になるといいですね」など，その日の目標になる「呼びかけの文」を入れます。　（谷内　卓生）

ポイント！

●朝の会で一人ひとりが書いたメッセージを学級全体で共有するべし！

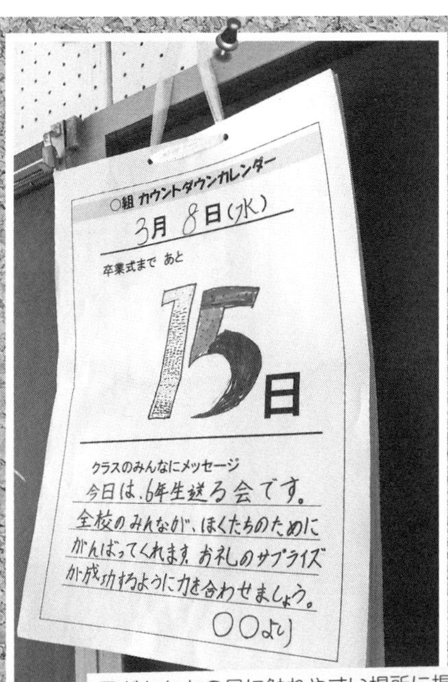

子どもたちの目に触れやすい場所に掲示します

特別な活動がない日は，給食のメニューや係活動などと関連させてもよいことにします

ラブレターを書こう！

活動のねらい

　比喩や例示を効果的に使ったり，視点を転換したりして文章を書くことができるようになる。

活動の概要

　「ラブレターを書く」と聞いただけで，「キャー」と大騒ぎになりそうですが，ここで書くラブレターは，だれに宛てて書いても構いません。友だちや好きな芸能人，アニメやゲームの主人公…，だれだってよいのです。

　ラブレターを書くとき，比喩や例示をうまく使うように指導します。「まるで…のような」「例えば…」「…に似ている」などを効果的に使うことで，情感豊かな手紙になります。

　また，自分自身に宛てて書かせるとよいでしょう。男の子は女の子になったつもりで，女の子は男の子になったつもりで書かせます。これで，書き手の視点が変わるので，「視点を転換する」という技能を使って書くことができます。

　よい作品はぜひ学級で共有したいものですが，恥ずかしがる子どももいます。ですから，みんなに紹介してよいかどうか，机間巡視のときなどにあらかじめ確認しておきましょう。

（広山　隆行）

ポイント！

●バレンタインデー近くの授業で興味を高めさせるべし！

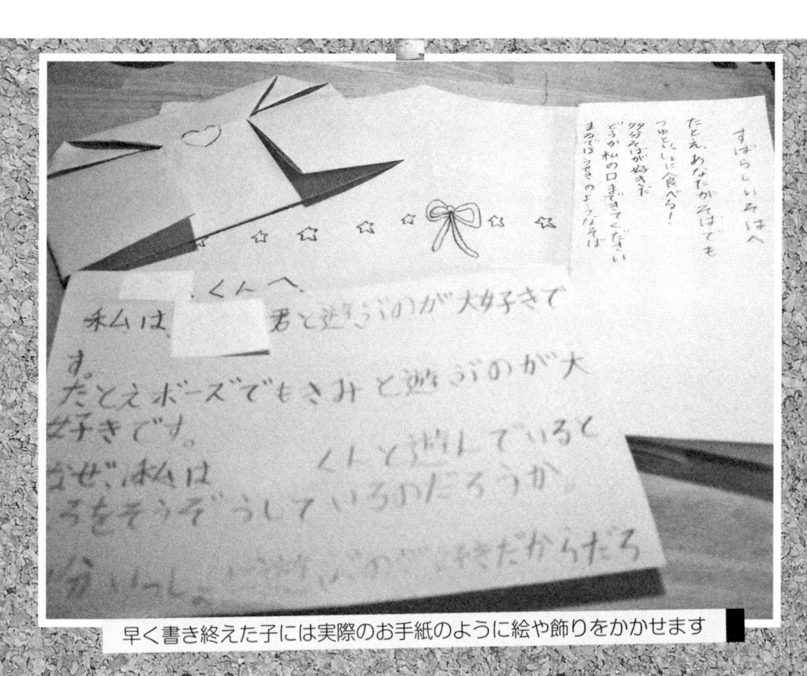

早く書き終えた子には実際のお手紙のように絵や飾りをかかせます

〇〇ちゃんへ
なぜ二人は友だちになったのだろうか。
多分一年生のころから同じクラスだったからだろう。
たとえ自分が引っこしてはなればなれになっても、きっと忘れません
どうかずっとともだちでいてください
まるで運めいの糸で結ばれているような二人

ふなっしーへ
なぜ私はあなたのことを好きになったのでしょうか。多分あなたがみんなに優しいし、かわいいからだろう。たとえ、あなたと会えなくても、どうかずっとお友達でいて下さい。まるでやさしい梨のようなふなっしーが大好きです。

「なぜ」「きっと」「どうか」などの書き出しを示すと書きやすくなります

学級通信つくってちょうだい！

活動のねらい

学級通信を作成することを通して，自分自身を振り返り，卒業に向けての意識を高める。

活動の概要

卒業を間近に控えたころが，この活動のベストな時期です。また，日ごろから学級通信を学級経営の柱にしていることも，活動を行ううえで重要です。なぜなら，普段先生が作成している学級通信を，子どもたち一人ひとりにつくってもらう活動だからです。内容は問わず，卒業を意識して「6年間の思い出」「中学校でがんばりたいこと」「卒業に向けての思い」などをテーマにするとよいでしょう。

まずは，顔写真入りのフォーマットを配ります。卒業の日から学級の人数分の日数を逆算してスタートします。1日につき1人分を発行します。ビンゴやルーレットなどで次の日に作成する子を決定し，その子はその日の宿題が学級通信だけになります。そのような特典を設けるとやる気がＵＰします。

卒業に向けての意識の高まりと小学校最後の書く活動とがリンクし，プラスの相乗効果が生まれます。また，保護者の方にも喜ばれます。

（大江　雅之）

ポイント！

●卒業に向けて計画的に取り組ませるべし！

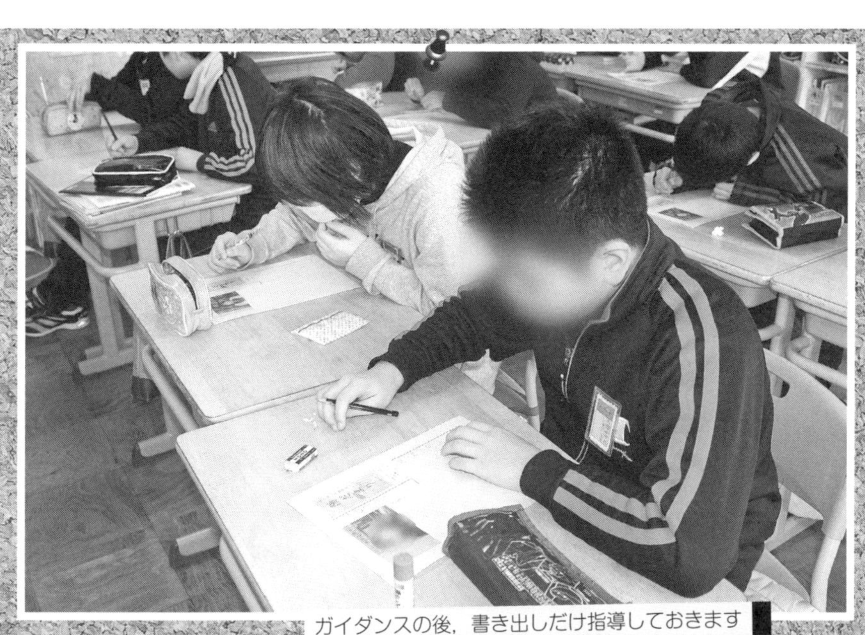

ガイダンスの後，書き出しだけ指導しておきます

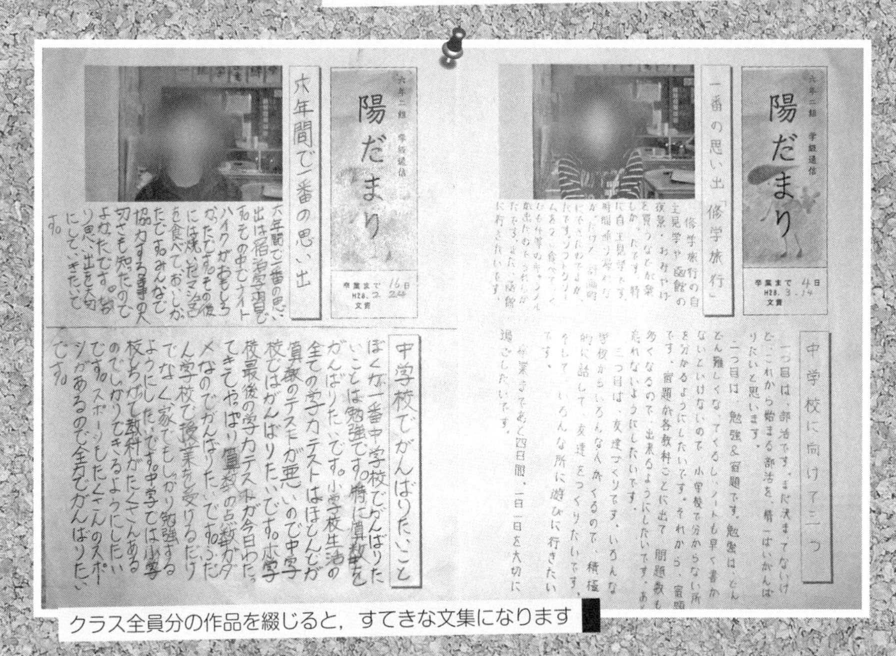

六年二組　学級通信

陽だまり

卒業まで　16日
H28.2.24
文責

六年間で一番の思い出

六年間で一番の思い出は宿泊学習です。その中でナイトハイクがおもしろかったです。その後には焼いたマシュマロを食べておいしかったです。みんなで協力する事の大切さも知ったのでよかったです。[illegible]思い出を大切にしていきたいです。

中学校でがんばりたいこと

ぼくが一番中学校でがんばりたいことは勉強です。特に算数をがんばりたいです。小学校生活の全ての学力テストはほとんどが算数のテストが悪いので中学校ではがんばりたいです。小学校最後の学力テストが今日わたってきてやっぱり算数の点数がダメなのでがんばりたいです。ふだん学校で授業を受けるだけでなく家でもしっかり勉強するようにしたいです。中学では小学校とちがって教科がたくさんあるのでしっかりできるようにしたいです。スポーツもたくさんのスポーツがあるので全力でがんばりたいです。

六年二組　学級通信

陽だまり

卒業まで　4日
H28.3.14
文責

一番の思い出「修学旅行」

修学旅行の自主見学や函館の夜景・おみやげを買うなどが楽しかったです。特に自主見学です。[illegible]

中学校に向けて三つ

一つ目は、部活です。まだ決まってないけど、これから始まる部活を、精一ぱいがんばりたいと思います。

二つ目は、勉強&宿題です。勉強は、どんどん難しくなってくるし、ノートも早く書かないといけないので小学校で分からない所を分かるようにしたいです。それから、宿題です。宿題が各教科ごとに出て問題数も多くなるので出来るようにしたいです。あと忘れないようにしたいです。

三つ目は、友達づくりです。いろんな学校からいろんな人がくるので、積極的に話して、友達をつくりたいです。そしていろんな所に遊びに行きたいです。

卒業まであと四日間，一日一日を大切に過ごしたいです。

クラス全員分の作品を綴じると，すてきな文集になります

【執筆者一覧】

二瓶　弘行（筑波大学附属小学校）

相澤　勇弥（新潟県長岡市立宮内小学校）
青木　伸生（筑波大学附属小学校）
阿部　央資（新潟県五泉市立五泉南小学校）
井上　幸信（新潟市立万代長嶺小学校）
岩崎　直哉（新潟市立大形小学校）
大江　雅之（青森県八戸市立町畑小学校）
笠原　冬星（大阪府寝屋川市立成美小学校）
河合　啓志（大阪府池田市教育委員会）
菊地　南央（福島県二本松市立新殿小学校）
小林　康宏（長野県佐久市立岩村田小学校）
佐藤　　拓（北海道網走市立中央小学校）
宍戸　寛昌（立命館小学校）
田中　元康（高知大学教育学部附属小学校）
谷内　卓生（新潟県糸魚川市立青海小学校）
手島　知美（愛知県みよし市立三好丘小学校）
手島隆一郎（愛知県みよし市立三好中学校）
長屋　樹廣（北海道網走市立網走小学校）
流田　賢一（大阪市立本田小学校）
広山　隆行（島根県安来市立島田小学校）
藤井　大助（香川県高松市立古高松小学校）
藤原　隆博（東京都江戸川区立船堀第二小学校）
弥延　浩史（青森県藤崎町立藤崎小学校）
山本　真司（南山大学附属小学校）
渡部　雅憲（福島県二本松市立二本松南小学校）

【編著者紹介】
二瓶　弘行（にへい　ひろゆき）
筑波大学附属小学校教諭
筑波大学非常勤講師
全国国語授業研究会理事，東京書籍小学校国語教科書『新しい国語』編集委員
著書に，『子どもがグーンと賢くなる　面白小話・国語編』（明治図書，2006年），『“夢”の国語教室創造記』（東洋館出版社，2006年），『基幹学力をはぐくむ「言語力」の授業』（明治図書，2011年），『二瓶弘行の「物語授業づくり一日講座」』（文溪堂，2011年），『子どもがどんどんやる気になる　国語教室づくりの極意　学級づくり編』（東洋館出版社，2015年），『子どもがいきいき動き出す！　小学校国語　言語活動アイデア事典』（明治図書，2015年）他多数

【著者紹介】
国語“夢”塾（こくご“ゆめ”じゅく）

どの子も鉛筆が止まらない！
小学校国語　書く活動アイデア事典

2016年9月初版第1刷刊　©編著者　二瓶弘行
2021年7月初版第3刷刊　発行者　藤原光政
発行所　明治図書出版株式会社
http://www.meijitosho.co.jp
（企画）矢口郁雄（校正）大内奈々子
〒114-0023　東京都北区滝野川7-46-1
振替00160-5-151318　電話03(5907)6701
ご注文窓口　電話03(5907)6668

＊検印省略　組版所　藤原印刷株式会社

Printed in Japan　ISBN978-4-18-235112-9